도덕경

老子道德經

©신흥식, 2016

1판 1쇄 인쇄_2016년 05월 20일
1판 1쇄 발행_2016년 05월 30일

역주자_신흥식
펴낸이_홍정표
펴낸곳_글로벌콘텐츠
      등록_제25100-2008-24호

공급처_(주)글로벌콘텐츠출판그룹
      편집_송은주 디자인_김미미 기획·마케팅_노경민 경영지원_안선영
      주소_서울특별시 강동구 천중로 196 정일빌딩 401호
      전화_02) 488-3280 팩스_02) 488-3281
      홈페이지_http://www.gcbook.co.kr

값 14,000원
ISBN 979-11-5852-095-3 03150

도덕경

老子道德經

신흥식 역주

글로벌콘텐츠

군에서 갓 제대한 나에게 지인(知人)이 건네준 노자도덕경(老子
道德經)은 읽다 지쳐서 밀쳐두었다가 읽고, 그렇게 한 번 읽어 내는
데 일 년도 더 걸렸으니 읽기도 어려운 과제였다. 이후 장자(莊子)
를 머리 쥐어짜가며 읽다가 나도 모르게 노장(老莊)의 무위사상(無
爲思想)의 숲을 맴돌고 있다.

나에게 도덕경(道德經)은 짙은 안개 속의 숲과 같아서 한 발자국
옮기기도 쉽지 않았고 어쩌면 사막의 모래 바람에 갇혀 방향조차
잡을 수 없이 지평선 저 멀리 오아시스를 쫓아 헤매면서 신기루의
환영(幻影)을 꿈꾸는 것 같다.

여러 본의 번역과 왕필(王弼)의 주석(註釋)도 읽으며 이해해 보
려고 애썼으나 나의 눈에 비친 노자도덕경은 도무지 속내를 엿볼
수 없어 한 문장씩 외워서 밤새도록 뒤척이다가 잠들기도 하였고
국한문(國漢文) 전부를 몇 번씩 붓으로 필사(筆寫)하며 퍼즐 조각
을 이리저리 꿰어 맞추다가 도로 풀어버리기를 반복 하였다.

번역(飜譯)을 하면서 몹시 안타까웠던 점은 도덕경에 나오는 용
어(用語)들, 예로 들면 도(道)와 덕(德), 무위(無爲), 유위(有爲), 현
빈(玄牝), 이(夷), 희(希), 미(微), 홀황(惚恍), 중보(衆甫), 습명(襲明),
습상(習常)… 등 매우 낯선 개념(槪念)들을 접하게 되었는데

그 뜻을 문자(文字)로 나열하는데 급급하였고 그 뜻은 짐작할 수 없었다.

청양(靑陽) 고추는 맵고, 서산(瑞山) 생강이 맵다지만, 의성(義城) 마늘도 맵다. 이 세 가지 맛은 맵다는 것은 같지만 그 고유(固有)한 맛을 나로선 언어(言語)나 문자(文字)로 옮길 수 없었다. 하물며 도덕경(道德經)의 도(道)이겠는가?

다만 고추와 생강과 마늘의 맛은 이미 우리가 먹어 왔던 입맛을 통해서 음! 하고 의식(意識)으로 집어내어 아! 하고 음미(吟味)해내 듯이 미처 번역해내지 못한 도덕경의 뜻도 각장의 행간(行間)에 담겨 있는 의미(意味)를 독자 스스로 가늠하고 느껴 보기 바란다.

오랫동안 도덕경을 가까이하며 이해한대로 서투르게 옮겨 보았는데 모쪼록 도덕경의 숲에 희미한 소로(小路)라도 되었으면 다행(多幸)이겠다.

2006년 3월 21일
維摩講院에서 辛興植 삼가 쓰다

▎목차

序(서) 4

[維摩講院 寒照 辛興植 譯書]

1. 무구정광대다라니경(無垢淨光大陀羅尼經), 2007.

2. 경허집(鏡虛集), 2014.

3. 불조직지심체요절(佛祖直指心體要節), 2015.

4. 법구경(法句經), 2015.

[참고문헌(參考文獻)]

1. 漢韓 大辭典 東洋學研究所.

2. 老子今註今譯及評介 臺灣商務印書館股份有限公司. 2000.

[일러두기]

1. 번역의 편의를 위하여 부득이 따옴표 " "로 추임새를 넣었다.

2. 평서문(平敍文)을 때로는 가정문(假定文)이나 의문문(疑問文)으로 번역
   하였다.

1

道可道 非常道.
도가도 비상도

名可名 非常名.
명가명 비상명

無名天地之始 有名萬物之母.
무명천지지시 유명만물지모

故 常無欲而觀其妙 常有欲而觀其徼.
고 상무욕이관기묘 상유욕이관기요

此兩者 同 出而異名.
차양자 동 출이이명

同謂之玄.
동위지현

玄之又玄 衆妙之門.
현지우현 중묘지문

도(道)[1]를

도(道)라고 하는 것은 괜찮으나

항상 도(道)라고 해야만 되는 것은 아니다.

무엇의 이름을

그렇게 이름 지어도 괜찮지만

항상 그 이름이어야만 되는 것도 아니다.

"도(道)라는" 이름이 없었을 때도

천지(天地)는 비롯하였고

"도(道)라는" 이름이 있고나서는

만물(萬物)의 어미로 여긴다.

그래서 항상

"도라는 이름이" 없었을 때는

"도(道)를 사람이 파악할 수 없는 대상인"

묘(妙)한 것으로 보았고

항상 "도(道)라는 이름이 있고 나서는"

그 "도(道)를 사람이 파악할 수 있는 대상인"

요(徼)한 것으로 보았다.

이 "묘(妙)와 요(徼)" 둘은

"파악할 수 없는 것으로는" 같으나

분류해서 이름을 다르게 부르고

함께 "파악되지 않는" 가물하다고 이른다.

"묘(妙)의" 가물함이여!

또 "요(徼)의" 가물함이여!

모든 묘(妙)가 나오는 문(門)이다.

---

1) 도(道): 우주 만물의 본원이자 본체, 사리, 규율. 우주의 질서, 종교에서 이르는
   지극한 이치(理致).

2

天下皆知 美之爲美 斯惡已.
천하개지 미지위미 사악이

天下皆知 善之爲善 斯不善已.
천하개지 선지위선 사불선이

故 有無相生. 難易相成.
고 유무상생 난이상성

長短相較. 高下相傾. 音聲相和. 前後相隨.
장단상교 고하상경 음성상화 전후상수

是以聖人 處無爲之事 行不言之敎.
시이성인 처무위지사 행불언지교

萬物作焉而不辭 生而不有.
만물작언이불사 생이불유

爲而不恃 功成而不居.
위이불시 공성이불거

夫唯弗居 是以不去.
부유불거 시이불거

천하가 모두 알고 있는 아름다움이

꾸며진 아름다움이라면 이는 추한 것이며

천하가 모두 알고 있는 선(善)이라도

꾸며진 선(善)이라면 이는 불선(不善)한 것이다.

그리고 유무(有無)2)는 서로를 낳게 하고

어려움과 쉬움은 상대로 해서 이루어지며

길고 짧음은 서로 때문에 이루어지는 비교이다.

높고 낮음은 서로가 기우러진 상태이며

음악(音樂)과 소리(聲)는 서로를 조화(造化)하는 것이요.

앞과 뒤는 서로 따르는 모양이다.

이로써 성인은 무위(無爲)3)로서 일을 처리하고

말없이 "행동으로" 가르침을 행한다.

만물을 되도록 해도 말로 공치사를 하지 않으며

만물을 자라게 하여도 소유(所有)하지 않는다.

무엇이 되게 하여도 이를 의지하지 않고

공을 이루어도 머무르지 않으며

대저 오로지 머무르지 않다 보니

이로써 그 공이 떠나지 않는다.

---

2) 유무(有無): 인연으로 말미암아 일어나고 변화하는 일체의 현상을 말함.

3) 무위(無爲): 도가(道家)에서 인위(人爲)를 가(加)하지 않고 자연(自然)에 순응하는
   것을 이르는 말. 자연(自然) 그대로 꾸밈이 없는 것.

3

不尚賢 使民不爭.
불 상 현　사 민 부 쟁

不貴難得之貨 使民不爲盜.
불 귀 난 득 지 화　사 민 불 위 도

不見可欲 使民心不亂.
불 견 가 욕　사 민 심 불 란

是以 聖人之治.
시 이　성 인 지 치

虛其心 實其腹 弱其志 强其骨.
허 기 심　실 기 복　약 기 지　강 기 골

常使民無知無欲 使夫智者不敢爲也.
상 사 민 무 지 무 욕　사 부 지 자 불 감 위 야

爲無爲則無不治.
위 무 위 즉 무 불 치

어진 이를 숭상하지 않으면

백성들로 하여금 다투지 않게 되고

귀(貴)하지도 얻기 어렵지도 않은 재화(財貨)가 되도록 하면

백성들로 하여금 도둑질 하지 않게 될 것이며

욕심낼 만한 것을 보여주지 않으면

백성들로 하여금 마음을 어지럽히지 않게 된다.

이로써 성인의 다스림은

그들의 마음을 비우게 하고

그들의 배를 실(實)하게 하며

그들의 의지(意志)는 약하게 하고

그들의 뼈를 강하게 한다.

항상 백성들로 하여금

필요 없는 것을 아는 것이 없게 하고

필요 없는 것은 하고자 함이 없게 하며

대저 지자(智者)로 하여금

감히 꾸미지 못하게 하고

무엇을 하더라도

꾸밈이 없이 한즉

다스리지 못할 것이 없다.

4

道沖 而用之或不盈.
도 충 이 용 지 혹 불 영

淵兮 似萬物之宗.
연 혜 사 만 물 지 종

挫其銳 解其紛 和其光 同其塵.
좌 기 예 해 기 분 화 기 광 동 기 진

湛兮 似或存 吾不知誰之子 象帝之先.
담 혜 사 혹 존 오 부 지 수 지 자 상 제 지 선

도(道)는 비어 있는 듯하여

쓰고 나면 혹 채워지지 않을 듯하지만

깊도다!

흡사 만물(萬物)의 종(宗)4)과 같다.

---

4) 종(宗): 하나의 사물에서 주가 되어 영향을 끼치는 것. 종파(宗派), 갈래 유파.

"도(道)"는

그 예리함은 꺾어주고

그 얽힌 것을 풀어주며

그 빛과 어우러지며 그 티끌과 함께하니5)

젖어 있도다!

혹 있는 것 같기도 하나

나로선

"도의 작용을 그 이상으로 규명할 수 없는 것이라서"

누구의 자식인지 알지 못한다.

아마도

하느님이나

"어떠한 신(神)적 존재"보다도 먼저일 것이다.

---

5) 화광동진(和光同塵): 훌륭한 재주를 감추고 드러내지 않으며 진세(塵世)에 어우러
지는 것.

5

天地不仁 以萬物爲芻狗.
천 지 불 인　이 만 물 위 추 구

聖人不仁 以百姓爲芻狗.
성 인 불 인　이 백 성 위 추 구

天地之間 其猶橐籥乎.
천 지 지 간　기 유 탁 약 호

虛而不屈 動而愈出 多言數窮 不如守中.
허 이 불 굴　동 이 유 출　다 언 삭 궁　불 여 수 중

천지(天地)는 인자(仁慈)하지 않으니

만물로써 추구(芻狗)⁶⁾를 삼고

성인도 인자(仁慈)하지 않아서

백성으로서 추구(芻狗)로 여긴다.

---

6) 추구(芻狗): 제사 때 쓰는 짚으로 만든 개. 미천하고 쓸모없는 물건이나 의견을
   비유하는 말.

하늘과 땅 사이는 풀무7)와 같아서

텅 비어 있지만 쪼그라들지도 않고

움직이며

"만물이" 나오는데

"도(道)의 작용(作用)은" 아무리 많은 말로 설명한다 해도

궁(窮)할 뿐이다.

"마음속으로" 그 가운데를 지키며

"그 조짐을 짐작하고" 있는 것만 같지 못 하다.

---

7) 풀무: 불을 피울 때 바람을 일으키는 도구.

6

谷神不死 是謂玄牝.
곡 신 불 사　시 위 현 빈

玄牝之門 是謂天地之根.
현 빈 지 문　시 위 천 지 지 근

綿綿若存 用之不勤.
면 면 약 존　용 지 불 근

　골짜기의 신(神)은 죽지 않으니

　이를 현빈(玄牝)[8]이라 이른다.

---

8) 현빈(玄牝): 만물을 생성(生成)하는 본원. 도(道)를 비유하다.
　노자(老子)는 만물의 생멸(生滅)을 설명하면서 현빈이라는 용어(用語)로 인용하였
　다. 이는 노자가 도(道)와 덕(德)을 설명하는 과정에서 어떤 구체적 대상을 여러
　가지 생소하고 난해한 이름으로 표현하였는데 그 이상의 설명이 불가했기에 부득
　이 이름 붙였으리라. 도(道)와 덕(德), 현빈과 같은 깊은 의미는 독자(讀者) 스스로
　가늠해야 할 그 무엇이리라. 어쩌면 매화와 난초의 향기를 의식으로 가늠해야 하
　듯이…. 소금은 짜고 꿀은 달고 고추는 맵다. 앞으로도 많은 생경한 용어를 부득이

현빈(玄牝)의 문이여!
이를 천지의 뿌리라 이른다.
끊어지지도 않고
이어지는 듯 하며
작용(作用)하면서
"자연 그대로이다 보니" 부지런하지도 않다.

설명할 수 없기에 옹색한 변명을 간략하게 하였다. 이를 선가(禪家)에서는 언어도
단(言語道斷)이라 하여 언어(言語) 이전(以前)의 소식(消息)이라 하였던가?

7

天長地久.
천 장 지 구

天地所以能長且久者 以其不自生 故能長生.
천 지 소 이 능 장 차 구 자 이 기 부 자 생 고 능 장 생

是以聖人 後其身而身先 外其身而身存,
시 이 성 인 후 기 신 이 신 선 외 기 신 이 신 존

非以其無私邪?
비 이 기 무 사 사

故能成其私.
고 능 성 기 사

하늘과 땅은 장구(長久)한 것이니

하늘과 땅이 능히 장구할 수 있는 까닭은

이로써

그것 "천지(天地)"가 스스로 생성하는 것이 아니라서

고로 능히 장생(長生)하는 것이다.

이로써 "알겠지만"

성인은 "물질적인 이익 앞에서는"

자신의 몸을 뒤로 하여 그 몸을 우선으로 여기고

"명예 때문이라면"

자신의 몸을 "명예욕(名譽慾)" 밖에 두어

몸을 보존토록 하니

"몸을 우선으로 여기고 보존하는"

그것이

"자신의 이익(利益)이나 명예욕(名譽慾)과 같은"

삿된 점이 없기 때문이 아니겠는가?

고로 능히 그 "자신의 몸을 보존하는"

사사로움을 이루는 것이다.

8

上善若水.
상 선 약 수

水善利萬物而不爭 處衆人之所惡.
수 선 리 만 물 이 부 쟁 처 중 인 지 소 오

故幾於道.
고 기 어 도

居善地 心善淵 與善仁
거 선 지 심 선 연 여 선 인

言善信 政善治 事善能 動善時.
언 선 신 정 선 치 사 선 능 동 선 시

夫惟不爭 故無尤.
부 유 부 쟁 고 무 우

가장 훌륭한 선(善)은

물과 같으니

물은 만물을 잘 이롭게 하면서도

다투지 아니하고

여러 사람이 싫어하는

"낮은 곳에" 처(處)하기에

고로 도(道)에 가깝다.

머무를 때는 땅을 선(善)으로 여기고

마음은 연못처럼 깊은 것을 선(善)으로 여기며

더불어 어울릴 때는 어진 것을 선(善)으로 여기고

말할 때는 믿음을 선(善)으로 여기며

정치는 잘 다스리는 것을 선(善)으로 여기고

일에는 능한 것을 선(善)으로 여기며

움직임에는 때를 선(善)으로 여긴다.

대저

오로지 다투지 않기에

고로 허물이 없게 된다.

9

持而盈之 不如其已.
지 이 영 지　불 여 기 이

揣而梲之 不可長保.
췌 이 탈 지　불 가 장 보

金玉滿堂 莫之能守.
금 옥 만 당　막 지 능 수

富貴而驕 自遺其咎.
부 귀 이 교　자 유 기 구

功遂身退 天地道.
공 수 신 퇴　천 지 도

유지하고 채우는 것은
적당한 때에 그치는 것만 같지 못하니
헤아려보고 쓰다듬으며 "재물을 애지중지"하여도
가히 길게 보전하지 못한다.

금(金)과 옥(玉)이 집안에 가득하다 해도
능히 지킬 수 없을 것이며.
부유(富裕)하고 귀(貴)한 이가 교만해지면
스스로 허물만 남기게 된다.
"그래서" 공(功)이 이루어지면
몸은 물러나게 되는 것이
천지의 도(道)이다.

10

載營魄抱一 能無離乎?
재 영 백 포 일　능 무 이 호

專氣致柔 能嬰兒乎?
전 기 치 유　능 영 아 호

滌除玄覽 能無疵乎?
척 제 현 람　능 무 자 호

愛民治國 能無知乎?
애 민 치 국　능 무 지 호

天門開闔 能無雌乎?
천 문 개 합　능 무 자 호

明白四達 能無爲乎?
명 백 사 달　능 무 위 호

生之畜之 生而不有
생 지 축 지　생 이 불 유

爲而不恃 長而不宰 是謂玄德.
위 이 불 시　장 이 부 재　시 위 현 덕

백성들의 혼(魂)을 보듬고 하나로 끌어안아

능히 떠나지 않게 할 수 있겠는가?

기(氣)를 온전히 하고

몸을 부드럽게 하여

능히 어린 아이처럼 할 수 있겠는가?

현람(玄覽)9)을 씻어내어

능히 하자가 없게 할 수 있겠는가?

백성을 사랑하고 다스리는데

능히 무지(無知)로써 할 수 있겠는가?

천문(天門)을 열고 닫는데

능히 암컷 없이 할 수 있겠는가?

"사리(事理)를" 명백히 하고

"물품(物品)을" 잘 유통하는 것을

능히 무위(無爲)10)로서 할 수 있겠는가?

"도(道)"는 낳아주고

"덕(德)"은 길러주며

"만물을" 낳게 하여도 소유하지 않고

"무엇이" 되도록 하여도 이를 의지하지 않으며

우두머리이면서도 "유위(有爲)11)로" 주재하지 않으니

이를 이르기를 현덕(玄德)12)이라 한다.

---

9) 현람(玄覽): 진리(眞理)를 자세히 조명해 봄.

10) 무위(無爲): 도가(道家)에서 인위(人爲)를 가(加)하지 않고 자연에 순응하는 것을 이르는 말. 꾸밈이 없음.

11) 유위(有爲): 변화(變化)하는 일체의 현상을 말함. 꾸밈이 있는 것.

12) 현덕(玄德): 남몰래 쌓아 밖으로 드러나지 아니한 덕성(德性). 무위자연(無爲自然)의 덕(德).

11

三十輻共一轂 當其無有車之用.

삼 십 폭 공 일 곡　당 기 무 유 거 지 용

埏埴以爲器 當其無有器之用.

연 식 이 위 기　당 기 무 유 기 지 용

鑿戶有以爲室 當其無有室之用.

착 호 유 이 위 실　당 기 무 유 실 지 용

故 有之以爲利 無之以爲用.

고　유 지 이 위 리　무 지 이 위 용

서른 개의 바퀴살이

한 개의 "바퀴 중심축인" 살통에 모여 바퀴를 만들면

마땅히 그 없는

"살통과 심보가 움직이며 기능을 하게 됨은

그 살통과 심보를 움직이게 하고 있는 공간, 곧 무(無)"가

수레의 쓰임을 있게 하고

찰흙을 빚어 그릇을 만들면
마땅히 그 그릇의 움푹 들어간 공간이
무(無)로써
그릇의 쓰임을 있게 하며
문을 뚫어 그 유(有)로써 집을 만들지만
마땅히 그 무(無)인
"비어 있는 방의 공간과 문과 문짝이 작용하는 공간"으로 집의
쓰임을 있게 하는 것이다.
그래서 "수레바퀴와 그릇과 문(門)은"
유(有)로써 이(利)를 삼기도 하고
"심보의 공간, 그릇의 공간, 방의 공간, 또 문짝의 공간은"
무(無)로써 쓰임을 삼기도 한다.

12

五色令人目盲.
오 색 영 인 목 맹

五音令人耳聾.
오 음 영 인 이 롱

五味令人口爽.
오 미 영 인 구 상

馳騁畋獵 令人發狂心.
치 빙 전 렵 영 인 발 광 심

難得之貨 令人行妨.
난 득 지 화 영 인 행 방

是以聖人 爲腹不爲目.
시 이 성 인 위 복 불 위 목

故 去彼取此.
고 거 피 취 차

오색(五色)13)은

사람들로 하여금

"보기 좋은 색(色)에 길들여져" 눈을 멀게 하고

오음(五音)14)은

"듣기 좋은 소리에 길들여져"

사람들로 하여금 귀를 먹게 하며

오미(五味)15)는

사람들로 하여금

입이 "맛있는 음식에 입맛이 까다로워져서"

상쾌한 것만 찾게 한다.

내달리며 사냥하는 것은

사람들로 하여금

마음을 미치고 날뛰게 하며

재화가 얻기 어려워지면

사람들로 하여금

꺼리는 곳인 "염치없는 지경"으로 내달리게 한다.

이로써 성인은

"실질(實質)인" 배를 위할 뿐

"허상(虛像)인" 눈을 위하지 않으며

그런고로 "눈을 위하는 허상(虛像)인"

저것을 버리고

---

13) 오색(五色): 다섯 가지 빛깔. 청(靑), 황(黃), 적(赤), 백(白), 흑(黑).

14) 오음(五音): 궁(宮), 상(商), 각(角), 치(徵), 우(羽). 음운학에서 순(脣), 치(齒), 아(牙), 설(舌), 후(喉).

15) 오미(五味): 짠맛[함(鹹)], 쓴맛[고(苦)], 신맛[산(酸)], 매운맛[신(辛)], 단맛[감(甘)].

"배를 위하는 실질(實質)인"
이것을 취한다.

13

第十三章

寵辱若驚 貴大患若身.
총 욕 약 경 귀 대 환 약 신

何謂寵辱若驚? 寵爲上 辱爲下.
하 위 총 욕 약 경   총 위 상 욕 위 하

得之若驚 失之若驚.
득 지 약 경 실 지 약 경

是謂寵辱若驚. 何謂貴大患若身?
시 위 총 욕 약 경   하 위 귀 대 환 약 신

吾所以有大患者.
오 소 이 유 대 환 자

謂吾有身 及吾無身 吾有何患?
위 오 유 신 급 오 무 신 오 유 하 환

故 貴以身 爲天下, 若可寄天下.
고 귀 이 신 위 천 하   약 가 기 천 하

愛以身 爲天下, 若可託天下.
애 이 신 위 천 하   약 가 탁 천 하

"윗사람에게 받는 사랑인" 총(寵)16)과

"잘못 때문에 받는 질책인" 욕(辱)17)에

놀란 것과 같이 하라는 것은

큰 근심을 내 몸과 같이 귀하게 여기는 것과 같기 때문이다.

무엇을 이르기를

총(寵)이나 욕(辱)에 놀란 것같이 하라는 것인가?

총(寵)은 위에 있는 것이며 욕(辱)은 아래에 있는 것이다.

얻었을 때

"내 몸이 있기 때문에 욕(辱)을 먹은 것이요,

그래서 욕(辱)을 큰 근심처럼 여기다 보면" 놀란 것같이 되고

잃었을 때

"총(寵)은 내 몸이 있기 때문에 잃은 것이요,

그래서 큰 근심처럼 여기다 보면" 놀란 것같이 되는 것이다.

이래서 이르기를

총(寵)과 욕(辱)에 놀란 것같이 하라는 것이다.

무엇을 이르기를

큰 근심을 귀하게 여기길 내 몸같이 하라는 것인가?

우리에게 큰 근심이 있게 된 까닭은

이르기를 우리에게 몸이 있기 때문이며

마침내 우리에게 몸이 없었다면

우리에게 어떤 근심인들 있겠는가?

고로 천하(天下)를 위하듯

---

16) 총(寵): 윗사람에게 받는 사랑.

17) 욕(辱): 잘못 때문에 받는 질책.

몸을 귀하게 여기라는 것은
"몸은 소중한 것으로"
가(可)히 천하를 맡은 바나 같은 것이요,
천하(天下)를 위하듯 몸을 아끼라는 것은
이 몸은 "소중하기가"
가(可)히 천하를 맡은 것과 같기 때문이다.

14

視之不見 名曰夷.
시 지 불 견 　 명 왈 이

聽之不聞 名曰希.
청 지 불 문 　 명 왈 희

搏之不得 名曰微.
박 지 부 득 　 명 왈 미

此三者 不可致詰. 故 混而爲一.
차 삼 자 　 불 가 치 힐 　 고 　 혼 이 위 일

其上不皦 其下不昧.
기 상 불 교 　 기 하 불 매

繩繩不可名 復歸於無物.
승 승 불 가 명 　 복 귀 어 무 물

是謂無狀之狀 無物之象.
시 위 무 상 지 상 　 무 물 지 상

是謂惚恍.
시 위 홀 황

迎之不見其首 隨之不見其後.
영 지 불 견 기 수　수 지 불 견 기 후

執古之道 以御今之有 能知古始.
집 고 지 도　이 어 금 지 유　능 지 고 시

是謂道紀.
시 위 도 기

보려고 해도

보이지 않는 것을 이름하여 이(夷)[18]라 하고

들으려 해도

들리지 않는 것을 이름하여 희(希)[19]라 하며

잡으려 해도

얻지 못 하는 것을 이름하여 미(微)[20]라 한다.

이 삼자(三者)는

따지는 것이 불가(不可)하나

고로 섞이어 하나로 되어 간다.

그 위로

"도(道)가 작용 하며 하나가 되어 나타나기 전(前)이야"

밝히지 못 하지만

그 아래로

도(道)라고 이름 붙이고 나서

---

18) 이(夷): 색깔도 없고 형체도 없어서 짐작할 수 없는 것.
　　보이지 않는 것을 보려고 하는 것을 이(夷)라 하여 그 대상을 설명하고자 만든
　　철학적 개념의 하나.

19) 희(希): 들으려고 하는 것을 희(希)라고 이름 붙임. 철학적 개념의 하나.

20) 미(微): 숨다. 숨기다. 비밀스러운 일. 몰래 어둡다. 만지려 하는 것을 미(微)라고
　　이름 붙임.

그 작용을 미루어 짐작하면 어둡지만은 않으니

"얽히어" 꼬이고 꼬인 모양은

가히 이름 붙이지 못한다.

사물(事物)이 흔적도 없이 제자리로 돌아간 것을

이를 이르기를

상태를 파악할 수 없는 상태라 하며

흔적도 없이 돌아간 현상을

이를 惚恍(홀황)21)이라 이른다.

맞으려 해도

그 머리가 어디인지 보이지 않고

따르려 해도

그 꼬리가 보이지 않는다.

"다만" 예부터

전해 오는 도(道)를 "미루어" 잡아서

이로써 지금 일어나고 있는 것을 제어(制御)하고

능히 "미루어 짐작하여"

옛날의 시작(始作)됨을 아는 것이니

이를 이르길

도(道)의 기원(紀元)22)이라 한다.

---

21) 홀황(惚恍): 분간할 수 없이 어렴풋하고 아련함. 사물의 형성 과정을 노자도덕경에
   추상적으로 설명한 것.

22) 기원(紀元): 역사상으로 연대(年代)를 계산할 때의 기준. 또는 기준이 되는 첫해.

15

第十五章

古之善爲士者.
고 지 선 위 사 자

微妙玄通 深不可識.
미 묘 현 통 심 불 가 식

夫唯 不可識.
부 유 불 가 식

故 强爲之容.
고 강 위 지 용

豫焉 若冬涉川.
예 언 약 동 섭 천

猶兮 若畏四隣.
유 혜 약 외 사 린

儼兮 其若容.
엄 혜 기 약 용

渙兮 若氷之將釋.
환 혜 약 빙 지 장 석

敦兮 其若樸.
돈 혜　기 약 박

曠兮 其若谷.
광 혜　기 약 곡

混兮 其若濁.
혼 혜　기 약 탁

孰能濁以靜之徐淸?
숙 능 탁 이 정 지 서 청

孰能安以久動之徐生? 保此道者.
숙 능 안 이 구 동 지 서 생　보 차 도 자

不欲盈 夫唯不盈 故能敝不新成.
불 욕 영　부 유 불 영　고 능 폐 불 신 성

예부터

도(道)를 잘 닦은 이는

미묘(微妙)하고 현통(玄通)23)하여

그 깊이를 알 수 없다고 한다.

대저 오로지 알 수 없다 보니

억지로 그 모습을 그려보기를

"도(道)를 얻은 이는"

머뭇거릴 때는

겨울에 "얼어붙은" 개울을

"조심하며" 건너가는 것 같다 하고

망서릴 때는

사방에서 지켜보고 있는 것과 같이 두려워하며

공손한 모습은

---

23) 현통(玄通): 하늘과 서로 통함. 암암리에 서로 통함.

용렬(庸劣)한 것만 같고

흩어질 때는

얼음이 녹아서 풀릴 때와 같으며

투박한 모습은

통나무와 같고

비어 있는 모습은

텅 비어 있는 골짜기와 같으며

섞여 있을 때는

흐릿한 것만 같다 한다.

누가 능히

혼탁(混濁)한 것을 고요히 하여

서서(徐徐)히 맑게 할 수 있으며

뉘라서 능히

안정(安定)된 것을 오랫동안 움직이게 하여

천천히 소생(蘇生)하게 할 수 있겠는가?

이를 보전하는 것이 도(道)이다.

도(道)는 채우려 하지 않는 듯 하고

대저 오로지 채우려 않다 보니

고로 능히 낡아지고

새롭게 이루어내는 것이 아니겠는가?

16

致虛極 守靜篤.
치 허 극 수 정 독

萬物竝作 吾以觀復.
만 물 병 작 오 이 관 복

夫物芸芸 各復歸其根.
부 물 운 운 각 복 귀 기 근

歸根曰靜 是謂復命.
귀 근 왈 정 시 위 복 명

復命曰常 知常曰明.
복 명 왈 상 지 상 왈 명

不知常 妄作凶.
부 지 상 망 작 흉

知常容, 容乃公, 公乃王,
지 상 용 용 내 공 공 내 왕

王乃天, 天乃道, 道乃久, 歿身不殆.
왕 내 천 천 내 도 도 내 구 몰 신 불 태

"자연(自然)에서"

텅 빈 것이 극(極)24)에 이르고

고요함이 돈독히 지켜지면서

만물이 어우러지며 만들어 간다.

나는 이로써

"극(極)에 이르고 만물이 어우러지면서"

반복(反復)되어지고 있음을 본다.

대저 만물은

아름답게 무성하였다가

각각 그 뿌리로 복귀(復歸)하는 것이니

뿌리로 복귀한 것을 정(靜)25)이라 하고

이를 이르길

복명(復命)26)이라 하며

복명(復命)을 말하되

상(常)이라 하고

상(常)을 알면

명(明)하다 하며

상(常)을 알지 못하면

망령(妄靈)되고 흉한 꼴을 만나게 된다.

상(常)을 아는 것을

다시 용(容)이라 하고

---

24) 극(極): 정점, 중정의 한 준칙.

25) 정(靜): 사물이 다시 자연의 상태인 무(無)로 돌아간 상태를 정(靜)이라 설명함.

26) 복명(復命): 상(常), 명(明), 용(容), 공(公), 왕(王), 천(天), 도(道), 구(久). 사물(事物)이 위와 같은 상황에서 전개되고 변화되는 과정을 그림으로 설명한 것임.

용(容)은 이내 공(公)이며
공(公)은 왕(王)이고
왕(王)은 천(天)이며
천(天)은 도(道)이다,
도(道)는 구(久)라 하니
"이것을 알면"
몸이 다하도록 위태롭지 않다.

17

第十七章

太上 下知有之.
태 상 하 지 유 지

其次 親而譽之.
기 차 친 이 예 지

其次 畏之.
기 차 외 지

其次 侮之.
기 차 모 지

信不足焉 有不信焉.
신 부 족 언 유 불 신 언

悠兮 其貴言.
유 혜 기 귀 언

功成事遂 百姓皆謂我自然.
공 성 사 수 백 성 개 위 아 자 연

홀륭한 지도자란

아래 있는 백성들이

있는 것만 알게 하는 것이요.

그 다음으로

친(親)하고 칭찬(稱讚)받는 지도자이며

그 다음은

두려워하게 하는 지도자요.

그 다음으로는

업신여기게 되는 지도자이다.

믿기 부족(不足)할지 몰라도

불신(不信)할 수야 있겠는가?

생각할수록 그것이 귀한 말이다.

공(功)을 이루고 일이 이루어져도

백성들이 모두

내가 스스로 그리 되었다고 이르는 것이니

"이것이 가장 훌륭한 지도자이다."

18

第十八章

大道廢 有仁義.
대도폐 유인의

慧智出 有大爲.
혜지출 유대위

六親不和 有慈孝.
육친불화 유자효

國家昏亂 有忠臣.
국가혼란 유충신

대도(大道)가

무너지고 나면

인의(仁義)가 있게 되고

지혜(智慧)가 나가면

큰 꾸밈이 있게 마련이며

육친(六親)이 화목(和睦)하지 못하면

사랑과 효도(孝道)가 있게 되고
나라가 혼란(昏亂)해지면
충신(忠臣)이 있게 된다.

19

第十九章

絶聖棄智　民利百倍.
절 성 기 지　민 리 백 배

絶仁棄義　民復慈孝.
절 인 기 의　민 부 자 효

絶巧棄利　盜賊有無.
절 교 기 리　도 적 유 무

此三者　以爲文不足.
차 삼 자　이 위 문 부 족

故　令有所屬.
고　영 유 소 속

見素抱樸　小私寡欲.
견 소 포 박　소 사 과 욕

성(聖)도 끊고

지혜(智慧)를 버리면

백성들의 이익이 백 배가 될 것이요.

인(仁)[27]을 끊고

의(義)[28]를 버리면

백성들이 다시 사랑하고 효도(孝道)할 것이다.

기교(技巧)를 끊고

이(利)로운 물건을 버리면

도둑이 없어질 것이니

이 세 가지는

이렇게 문장만으로는 부족한 것이다.

백성들로 하여금

"가정과 가족의" 소속이 있게 하고

소박한 것을 보게 하며

질박한 것을 갖게 하여

삿 적인 것은 줄이고

욕심(慾心)은 적게 해야 한다.

---

27) 인(仁): 유교(儒敎)의 윤리(倫理)·도덕(道德)·규범(規範). 사랑을 원리로 하는 덕목
   (德目).

28) 의(義): 도리(道理), 도의(道義).

20

第二十章

絶學無憂.
절학무우

唯之與阿 相去幾何?
유 지 여 아 상 거 기 하

善之與惡 相去若何?
선 지 여 악 상 거 약 하

人之所畏 不可不畏.
인 지 소 외 불 가 불 외

荒兮 其未央哉.
황 혜 기 미 앙 재

衆人熙熙 如享太牢 如春登臺.
중 인 희 희 여 향 태 뢰 여 춘 등 대

我獨泊兮 其未兆.
아 독 박 혜 기 미 조

如嬰兒之未孩.
여 영 아 지 미 해

儽儽兮 若無所歸.
래 래 혜　약 무 소 귀

衆人皆有餘 而我獨若遺.
중 인 개 유 여　이 아 독 약 유

我愚人之心也哉.
아 우 인 지 심 야 재

沌沌兮 俗人昭昭 我獨昏昏.
돈 돈 혜　속 인 소 소　아 독 혼 혼

俗人察察 我獨悶悶.
속 인 찰 찰　아 독 민 민

澹兮 其若海.
담 혜　기 약 해

飂兮 若無止.
요 혜　약 무 지

衆人皆有以 而我獨頑且鄙.
중 인 개 유 이　이 아 독 완 차 비

我獨異於人 而貴食母.
아 독 이 어 인　이 귀 식 모

배움을 끊어 버리면

근심이 없다 한다.

허락(許諾)인 "예"와

건성으로 대답하는 "응"은 얼마나 다르고

선(善)과 악(惡)은 서로 다른 점이 무엇이던가?

사람들이 두려워하는 바를

"나도" 불가불(不可不) 두려워해야 되겠지만

거칠도다!

그것이 아직 파악되지 않는다.

사람들이 흥청거리며

하늘에 제사라도 지낸 듯

"술과 음식으로" 호사를 누리고

마치 봄철에 누대(樓臺)에 올라

"향락을" 즐기듯 하는데,

"어쩌자고" 나만

홀로 "방안에" 틀어박혀 뒤척이는가?

그 조짐을 "왜? 그러한지" 알지 못한다.

마치 어린아이처럼 미숙하다고나 할까?

답답하도다!

"내가 배워서 따지고 판단하다 보니"

돌아갈 곳조차 없는 것만 같구나.

사람들이 모두 여유가 있건만

나만 홀로 버려진 것만 같다.

나의 어리석은 마음 때문이더냐?

캄캄하고 어둡다.

속인(俗人)들은 똑똑한데

나만 홀로 미련하게 주저하고 있으니

"마음이" 출렁거림이여!

바다와도 같다.

높이 부는 바람이여!

그치지 않는구나.

모든 사람이

"흥청거리며 여유 있게" 이러할 수 있건만

나만 홀로

완고하게 또한 "보잘것없이" 비루한 것 같구나.

내가 홀로 세상 사람들과 다른 점은
"온갖 생명을 길러주는 자연 법칙인"
식모(食母)를 귀(貴)하게 여기는 것이다.

21

孔德之容 唯道是從.
공 덕 지 용 유 도 시 종

道之爲物 惟恍惟惚 惚兮恍兮.
도 지 위 물 유 황 유 홀 홀 혜 황 혜

其中有象 恍兮惚兮!
기 중 유 상 황 혜 홀 혜

其中有物 窈兮冥兮!
기 중 유 물 요 혜 명 혜

其中有精 其精甚眞 其中有信.
기 중 유 정 기 정 심 진 기 중 유 신

自古及今 其名不去 以閱衆甫.
자 고 급 금 기 명 불 거 이 열 중 보

吾何以知衆甫之狀哉. 以此.
오 하 이 지 중 보 지 상 재 이 차

원만한 덕(德)의 모습은

오직 도(道)를 쫓아나온다.

도(道)의 작용(作用)으로

사물(事物)이 되어 갈 때

오직 황(惶)²⁹⁾하고

오직 홀(惚)³⁰⁾하다.

홀(惚)하고 황(惶)함이여!³¹⁾

그 가운데 상(象)³²⁾이 있다.

황(惶)하고 홀(惚)함이여!

그 가운데 사물(事物)이 있다.

고요하고 캄캄함이여!

그 가운데 정령(精靈)이 있다.

그 정령(精靈)이 매우 진실하여

그 가운데 믿음인 도(道)의 법칙(法則)이 있으니

옛부터 지금까지 그 이름이 사라지지 않는다.

이로써 중보(衆甫)³³⁾를 열람하였으니

내가 무엇으로써 중보(衆甫)의 상황을 알 수 있겠는가?

이로써이다.

---

29) 황(恍): 모호함. 분명하지 않다. 번쩍하고 지나가자.

30) 홀(惚): 어렴풋하다.

31) 황홀(恍惚): 분간할 수 없이 어렴풋하고 아련함. 홀황(惚恍)과 같이 사용함.

32) 상(象): 상징(象徵), 징조(徵兆), 조짐(兆朕).

33) 중보(衆甫): 만물의 시초. 도와 덕의 작용과 변화를 설명하기 위하여 붙인 이름.

22

第二十二章

曲則全 枉則直 窪則盈
곡 즉 전 왕 즉 직 와 즉 영

敝則新 少則得 多則惑.
폐 즉 신 소 즉 득 다 즉 혹

是以聖人抱一 爲天下式.
시 이 성 인 포 일 위 천 하 식

不自見故明. 不自是故彰.
부 자 견 고 명 부 자 시 고 창

不自伐 故有功. 不自矜 故長.
부 자 벌 고 유 공 부 자 긍 고 장

夫惟不爭 故天下莫能與之爭.
부 유 부 쟁 고 천 하 막 능 여 지 쟁

古之所謂曲則全者 豈虛言哉?
고 지 소 위 곡 즉 전 자 기 허 언 재

誠全而歸之.
성 전 이 귀 지

굽어서34) 온전하기도 하고

구부러진35) 것이 곧, 바로 "알맞기도" 하며

오목해서 곧 채워지기도 하고

낡아서 곧 새로워지기도 하며

적어서 곧 득(得)이 되기도 하고

많아서 미혹(迷惑)36)되기도 한다.

이로써 성인(聖人)은

"자연(自然)의 무위(無爲)" 하나를 안아서

천하의 법도(法度)를 삼는다.

스스로 드러내지 않다 보니 현명하다 하고

스스로 옳다고 하지 않으므로 밝게 드러나며

스스로 자랑하지 않다 보니 공(功)이 되고

스스로 뽐내지 않는다.

고로 장구(長久)할 수 있으니

대저 오로지 다투지 않는다.

고로 천하에

능히 더불어 다툴 것이 없다 한다.

예부터 굽어서

곧 온전했다고 이르게 된 것이

어찌 헛된 말이겠는가?

"이는 자연(自然)이"

성실하고 온전하게 돌아감이다.

---

34) 곡(曲): 곡은 직각으로 굽은 것.

35) 왕(枉): 왕은 휘어진 것. 구부러진 것.

36) 미혹(迷惑): 무언가에 홀려 정신을 차리지 못함. 분별하지 못하고 현혹됨.

23

希言自然.
희언자연

故飄風不終朝 驟雨不終日.
고표풍부종조 취우부종일

孰爲此者 天地.
숙위차자 천지

天地尚不能久 而況於人乎? 故從事於道者.
천지상불능구 이황어인호 고종사어도자

道者同於道. 德者同於德. 失者同於失.
도자동어도 덕자동어덕 실자동어실

同於道者 道亦樂得之.
동어도자 도역낙득지

同於德者 德亦樂得之.
동어덕자 덕역낙득지

同於失者 失亦樂得之. 信不足 有不信焉.
동어실자 실역낙득지 신부족 유불신언

희한하도다.

자연(自然)이여!

고로 회오리바람은

아침나절을 가지 못하고

소낙비는

하루 종일 내리지 못한다.

누가 이같이 할 수 있겠는가?

천지(天地)이다.

천지(天地)도

오히려 능히 이 같은 일을 오래하지 못하거늘

하물며 사람이겠는가?

고로 도(道)에 종사하며

"닦아서 얻으려는 자"를 보면

도자(道者),

즉 "도를 닦고자 하는 자"는

도자(道者),

즉 "도를 이미 닦은 자"와 함께 있기 마련이고

덕자(德者),

즉 "덕을 닦고자 하는 자"는

덕자(德者),

즉 "덕이 있는 자"와 함께 있기 마련이며

실자(失者),

즉 "도와 덕을 잃고 사는 자"는

실자(失者),

즉 "도와 덕을 잃고 함부로 사는 자"와 함께 하기 마련이다.

도자(道者),

즉 "도를 닦은 자"와 함께 하다 보면

도(道)를 또한 즐겁게 얻을 것이요.

덕자(德者),

즉 "덕이 있는 자"와 함께 하다 보면

덕(德)도 또한 즐거이 얻게 될 것이며

실자(失者),

즉 "도와 덕을 잃고 사는 자"와 함께 하다 보면

기꺼이 또한 잃게 될 것이니

그렇게 "도와 덕을 잃게" 될 수밖에 없는 것이다.

믿기 부족하다 하여

불신(不信)해서야 되겠는가?

24

企者不立 跨者不行.
기 자 불 립 과 자 불 행

自見者不明 自是者不彰.
자 현 자 불 명 자 시 자 불 창

自伐者無功 自矜者不長.
자 벌 자 무 공 자 긍 자 부 장

其在道也 曰 餘食贅行 物或惡之.
기 재 도 야 왈 여 식 췌 행 물 혹 오 지

故有道者 不處.
고 유 도 자 불 처

기획(企劃)만 하는 자는

아무것도 세우지 못하고

머뭇거리는 자는

행동에 옮기지 못한다.

스스로 드러내는 자는
현명(賢明)하지 못하고
스스로 옳다고 하는 자는
밝게 드러내지 못한다.
스스로 자랑하는 자는
공(功)이 없어지게 되고
스스로 뽐내는 자는
오래가지 못한다.
"위의 여섯 가지 행동인" 그것은
도(道)에서 말하자면
남은 "찌꺼기" 음식이며
군더더기 행동이라서
사물도 미워할 것이니
고로 도를 닦은 자는
그런 처신을 하지 않아야 한다.

25

有物混成 先天地生.
유물혼성 선천지생

寂兮寥兮!
적혜요혜

獨立而不改 周行而不殆 可以爲天下母.
독립이불개 주행이불태 가이위천하모

吾不知其名 字之 曰道. 强爲之名 曰大.
오부지기명 자지 왈도 강위지명 왈대

大曰 逝 逝曰 遠 遠曰 反.
대왈 서 서왈 원 원왈 반

故 道大 天大 地大 王亦大.
고 도대 천대 지대 왕역대

中有四大而王居其一焉.
중유사대이왕거기일언

人法地 地法天 天法道 道法自然.
인법지 지법천 천법도 도법자연

사물(事物)이 있기까지

섞이어서 이루어지나니

천지(天地)보다 앞서 생긴다.

고요하고 고요함이여!

"도(道)는 무위(無爲)37)이니" 홀로 세우고

"유위(有爲)38)로" 고치지 않으며

두루 행해져도 위태롭게 하지 않으니

가히 이로써 천하의 어미로 삼는다.

나는 그 이름조차도 알지 못하는데

글자로 말하길

도(道)라 하고

억지로 꾸며서

이름 붙이기를 크다 하고

크다는 것은

달리 말하면 서(逝)39)이니

"서(逝)" 가는 것은

다시 말하길 원(遠)40)이며

"원(遠)" 멀어지는 것은

말하길 반(反)41)이라 한다.

고로 도(道)를 크다 하고

---

37) 무위(無爲): 꾸밈이 없는 것. 자연(自然).

38) 유위(有爲): 꾸밈이 있는 것. 인위(人爲).

39) 서(逝): 가는 것. 여기서는 철학적인 개념으로 인용.

40) 원(遠): 멀다. 심원하다. 철학적인 개념으로 인용.

41) 반(反): 되풀이하다. 거듭 반복하다. 철학적인 개념으로 인용.

하늘도 크다 하며

땅도 크다 하고 왕도 또한 크다 한다.

혹 이 가운데

네 가지 큰 "법(法)"이 있으니

왕(王)이 그 하나에 머문다.

사람의 법(法)은

땅이요.

땅의 법(法)은

하늘이며

하늘의 법(法)은

도(道)요.

도(道)의 법(法)은

자연(自然)이다.

26

重爲輕根 靜爲躁君.
중 위 경 근 정 위 조 군

是以聖人 終日行 不離輜重.
시 이 성 인 종 일 행 불 리 치 중

雖有榮觀 燕處超然.
수 유 영 관 연 처 초 연

奈何萬乘之主 而以身輕天下?
내 하 만 승 지 주 이 이 신 경 천 하

輕則失本 躁則失君.
경 즉 실 본 조 즉 실 군

무거운 것은

가벼움의 뿌리가 되고

고요는

시끄러움의 임금이 된다.

이로써

성인(聖人)은 하루 종일 다녀도

"가벼워서 시끄럽게 될까 봐"

수레에서 무거운 짐을 내려놓지 않는다.

비록 영화(榮華)가 보이더라도

편안히 초연(超然)하게 처신한다.

어찌 만승(萬乘)42)의 주인으로서

그렇게 몸을 천하에 가벼이 할 수 있겠는가?

가볍게 군즉

근본을 잃을 것이며

시끄러운즉

임금의 지위를 잃게 된다.

---

42) 만승(萬乘): 일만량(一萬輛)의 병거(兵車). 네 필의 말이 끄는 수레가 일승(一乘)으로 병거(兵車) 일만량(一萬輛)을 낼 수 있는 큰 나라. 천자(天子)를 이르는 말.

27

善行 無轍迹 善言 無瑕跡.
선 행 무 철 적 선 언 무 하 적

善數不用籌策 善閉無關鍵 而不可開.
선 수 불 용 주 책 선 폐 무 관 건 이 불 가 개

善結無繩約 而不可解.
선 결 무 승 약 이 불 가 해

是以聖人 常善求人 故無棄人.
시 이 성 인 상 선 구 인 고 무 기 인

常善求物 故 無棄物 是謂襲明.
상 선 구 물 고 무 기 물 시 위 습 명

故善人者 不善人之師.
고 선 인 자 불 선 인 지 사

不善人者 善人之資.
불 선 인 자 선 인 지 자

不貴其師 不愛其資 雖智大迷 是謂要妙.
불 귀 기 사 불 애 기 자 수 지 대 미 시 위 요 묘

잘 행(行)한 것은

"흔적을 남기지 않다 보니"

바퀴자국이 없다 하고

훌륭한 말씨는

하자(瑕疵)를 남기지 않으며

잘 헤아리는 자는

주책(籌策)⁴³⁾을 사용하지 않는다 하고

잘 닫아진 것은

빗장과 열쇠도 없게 하다 보니

여는 것이 불가하다 하며

잘 묶어놓은 것은

매듭을 남기지 않아서

가히 풀 수 없다 한다.

이로써 성인은 항상 사람을 잘 구하고

그런고로 사람을

"잘못 되어" 버리게 하는 일이 없으며

항상 사물을 "이롭게" 잘 구(求)하지만

그런고로

사물을 "해롭게 하여" 버리게 하는 일이 없으니

이를 이르기를

습명(襲明)⁴⁴⁾이라 한다.

고로

---

43) 주책(籌策): 계산하는 데 필요한 방법, 산가지.
44) 습명(襲明): 도(道)의 작용을 인용한 개념(概念).

착한 사람은 착하지 않은 사람의 스승이 되며
착하지 않은 사람은
착한 사람이 될 수 있는 바탕이라 한다.
그 스승이 될 만한 이를 귀하게 여기지도 않고
그 바탕이 될 만한 것을 아끼지 않는다면
비록 지혜롭게 하려 해도
크게 미혹(迷惑)한 것이니
이를 이르기를
요묘(要妙)라 한다.

28

知其雄 守其雌 爲天下谿.
지 기 웅 수 기 자 위 천 하 계

爲天下谿 常德不離 復歸於嬰兒.
위 천 하 계 상 덕 불 리 복 귀 어 영 아

知其白 守其黑 爲天下式.
지 기 백 수 기 흑 위 천 하 식

爲天下式 常德不忒 復歸於無極.
위 천 하 식 상 덕 불 특 복 귀 어 무 극

知其榮 守其辱 爲天下谷.
지 기 영 수 기 욕 위 천 하 곡

爲天下谷 常德乃足 復歸於樸.
위 천 하 곡 상 덕 내 족 복 귀 어 박

樸散則爲器 聖人用之 則爲官長.
박 산 즉 위 기 성 인 용 지 즉 위 관 장

故 大制不割.
고 대 제 불 할

수컷의 입장을 알고
암컷의 사정(事情)을 지켜 주며
천하가 시내를 삼아야 하니
천하가 시내를 삼고 나면
항상 덕이 떠나지 않고
영아(嬰兒)로 복귀하게 된다.
그 장점(長點)도 알고
그 단점(短點)을 지켜 주며
천하의 법도(法度)를 삼아야 하니
천하의 법도로 삼고 나서는
항상 덕을 의심하지 않아야 하니
무극(無極)으로 복귀(復歸)하는 것이다.
그 영화(榮華)를 알고 나서
그 욕(辱)됨을 지켜 주는 것으로
천하가 골짜기를 삼아야 한다.
천하의 골짜기가 되면
항상 덕이 이에 족할 것이며
통나무의 "투박한 본성으로" 돌아가는 것이니
통나무가 흩어진즉 그릇이 된다.
성인이 사용하면
곧 관장(官長)으로 삼을 것이요.
고로 큰 제도(制度)는
자르지 않는다 한다.

29

將欲取天下而爲之者.
장 욕 취 천 하 이 위 지 자

吾見 其不得已.
오 견 기 부 득 이

天下神器 不可爲也.
천 하 신 기 불 가 위 야

爲者敗之 執者失之.
위 자 패 지 집 자 실 지

凡物 或行或隨 或虛或吹 或强或羸 或挫或隳.
범 물 혹 행 혹 수 혹 허 혹 취 혹 강 혹 리 혹 좌 혹 휴

是以聖人 去甚去奢去泰.
시 이 성 인 거 심 거 사 거 태

장차 천하(天下)를 취(取)하고자 하면서

꾸며서 하려는 자는

나는 그가 "뜻대로 되지 않고"

부득이(不得已)할 것으로 본다.

천하는

신기(神器)라서

가히 꾸며서는 되지 않는다.

꾸며서 하는 자는 패(敗)할 것이며

"꾸며서" 잡은 자는 잃게 된다.

무릇 사물(事物)은

혹 앞서기도 하고

혹 따르기도 하며

혹 비우기도 하고

혹 부풀기도 하며

혹 강(强)하기도 하고

혹 약(弱)하기도 하며

혹 꺾이기도 하고

혹 무너지기도 한다.

이로써 성인(聖人)은

심한 것을 버리고

사치한 것도 버리지만

태평(太平)한 것도 버린다.

30

以道佐人主者 不以兵强天下.
이 도 좌 인 주 자 불 이 병 강 천 하

其事好還 師之所處 荊棘生焉.
기 사 호 환 사 지 소 처 형 극 생 언

大軍之後 必有凶年.
대 군 지 후 필 유 흉 년

故善者 果而已 不敢以取强焉.
고 선 자 과 이 이 불 감 이 취 강 언

果而勿矜 果而勿伐 果而勿驕
과 이 물 긍 과 이 물 벌 과 이 물 교

果而不得已 果而勿强.
과 이 부 득 이 과 이 물 강

物壯則老 是謂不道.
물 장 즉 로 시 위 부 도

不道早已.
부 도 조 이

도(道)로써

백성과 임금을 도우려는 자는

전쟁으로써

천하를 억지로 해서는 아니 된다.

이런 일 "전쟁(戰爭)"은

"기껏" 좋게 돌아오는 결과(結果)라야

군대가 머문 자리는

가시덤불이 생기고

대군(大軍)이 지나간 후에는

반드시 흉년(凶年)이 든다고 한다.

고로 "백성과 임금을" 잘 도우려는 자는

결과가 이미 이러한 것이니

감히 전쟁(戰爭)으로써

억지로 취하려 하지 말아야 한다.

결과가

이미 전쟁(戰爭)으로 천하를 얻었다 해도

뽐내지 말아야 하고

결과를

자랑하지도 말아야 하며

결과에

교만하지 말아야 하고

결과가

부득이(不得已)한 것이어야 하며

결과가

억지로는 되지 않게 해야 한다.

사물(事物)도

"억지로" 굳세어진즉

노쇠(老衰)해지니

이를 부도(不道)[45]라 하며

부도(不道)하면

일찍 끝나게 된다.

---

45) 부도(不道): 도리(道理)에 어긋남.

31

夫佳兵者 不祥之器 物或惡之.
부가병자 불상지기 물혹오지

故有道者不處.
고유도자불처

是以君子 居則貴左 用兵則貴右.
시이군자 거즉귀좌 용병즉귀우

兵者不祥之器 非君子之器.
병자불상지기 비군자지기

不得已而用之 恬惔爲上.
부득이이용지 염담위상

勝而不美 而美之者 是樂殺人 不樂殺人者.
승이불미 이미지자 시락살인 불락살인자

不可以得志於天下矣.
불가이득지어천하의

吉事尙左 凶事尙右.
길사상좌 흉사상우

偏將軍居左 上將軍居右.
편 장 군 거 좌　상 장 군 거 우

言以喪禮處之.
언 이 상 례 처 지

殺人之衆 以悲哀泣之 戰勝以喪禮處之.
살 인 지 중　이 비 애 읍 지　전 승 이 상 례 처 지

대저

아름답게 꾸민 병기(兵器)라 하더라도

상서(祥瑞)롭지 못한 기구라서

사물도 거의 싫어하며

그런 고로 도(道)를 지닌 자는 몸담지 않는다.

이로써

군자(君子)는

평소에는 왼쪽을 귀(貴)히 여기지만

병기(兵器)를 사용할 때는

오른쪽을 귀(貴)하게 여긴다.

병사(兵士)는 상서(祥瑞)롭지 못한 기구라서

군자(君子)가 다루는 기구가 아니다.

부득이(不得已) 사용하더라도

불꽃처럼 반짝 사용하는 것을 으뜸으로 삼아야 한다.

"전쟁에서" 이겼다 해도 아름답다 하지 않으며

이를 아름답게 여기는 자는

이는 사람을 죽이는 것을 즐기는 것이니

살인을 즐기지 않는 자라면

"전쟁"으로써

천하의 뜻을 얻으려 해서는 옳지 않다.

길(吉)한 일에는

왼쪽을 숭상(崇尙)하고

흉(凶)한 일에는

오른쪽을 숭상(崇尙)하다 보니

편장군은 왼쪽에 머물고

상장군은 오른쪽에 머문다.

이로써 말하지만

"군대는" 상례(喪禮)[46]로서 처리한다 하였다.

사람의 무리를 죽이는 전쟁의 피해는

슬프고 애통하여 통곡할 일이니

전쟁에서 이겼다 해도

상례(喪禮)로 처리하는 것이다.

---

46) 상례(喪禮): 상(喪)을 치르는 예법(禮法).

32

道常無名 樸雖小 天下莫能臣也.
도 상 무 명　박 수 소　천 하 막 능 신 야

侯王若能守之 萬物將自賓.
후 왕 약 능 수 지　만 물 장 자 빈

天地相合 以降甘露.
천 지 상 합　이 강 감 로

民莫之令而自均
민 막 지 령 이 자 균

始制有名 名亦旣有 夫亦將知止 知止所以不殆.
시 제 유 명　명 역 기 유　부 역 장 지 지　지 지 소 이 불 태

譬道之在天下 猶川谷之於江海.
비 도 지 재 천 하　유 천 곡 지 어 강 해

도(道)는

항상 이름도 없이

투박하고 비록 작은 듯해도

천하에 능히 부리지 못하는 것이 없다.
제후와 왕도
능히 "도(道)를" 지키면
만물이
장차 스스로 "본성대로 찾아와" 손님이 될 것이다.
하늘과 땅은
서로 화합하여 이로써 감로(甘露)를 내리고
백성들은 영(令)을 내리지 않아도
스스로 골고루 삶을 누리며
비로소 법제(法制)를 만들어
이름이 있게 된다.
이름이 이미 있고 나서
대저
또한 장차 그칠 줄 알고
그칠 줄 알기 때문에 위태롭지 않으니
비유하면
도(道)가 천하에 있다는 것은
마치 시냇물이 골짜기를 지나
강과 바다로 흘러가는 것과 같은 것이다.

33

知人者智 自知者明.
지인자지　자지자명

勝人者有力 自勝者强.
승인자유력　자승자강

知足者富 强行者有志.
지족자부　강행자유지

不失其所者久 死而不亡者壽.
불실기소자구　사이불망자수

남을 아는 자를

지혜(智慧)가 있다 하고

자신(自身)을 아는 자를

현명(賢明)하다 하며

남을 이기는 자를

힘이 세다 하고

자신(自身)을 극복할 수 있는 자를 강(强)하다고 한다.
족(足)한 줄 아는 자를
부자(富者)라 하고
강하게 밀고 나갈 줄 아는 자를
의지(意志)가 있다고 하니
"위의 여섯 가지를" 잃지 않는 자는
장구(長久)할 수 있다 한다.
죽을 때까지
"여섯 가지를" 잊지 않고
"지킬 줄 아는" 자는
장수(長壽)할 수 있다 한다.

34

大道汎兮 其可左右 萬物恃之.
대 도 범 혜　기 가 좌 우　만 물 시 지

而生而不辭 功成不名有 衣養萬物 而不爲主.
이 생 이 불 사　공 성 불 명 유　의 양 만 물　이 불 위 주

常無欲 可名於小 萬物歸焉.
상 무 욕　가 명 어 소　만 물 귀 언

而不爲主 可名爲大 以其終不自爲大
이 불 위 주　가 명 위 대　이 기 종 부 자 위 대

故能成其大.
고 능 성 기 대

대도(大道)가 넘실대도다!

그것이 좌우로 출렁이며

만물이 이를 의지하고

이렇게 생성(生成)하여도

말로 "공치사"하지 않는다.
공(功)을 이루어도
"도(道)는" 이름을 남기지 않으며
만물을 입히고 부양하여도
"도(道)는" 꾸미거나 주관하지 않는다.
항상 무욕(無欲)47)하다 보니
가히 이름하여 작은 듯 하고
만물이 돌아간다 해도
꾸미거나 주관하지 않으니
가히 이름하여 크다 하며
이로써 알겠지만
"도(道)" 그것은
끝내 스스로 위대(偉大)하려고 하지 않으니
고로 능히
그 위대(偉大)함을 이루게 된다.

---

47) 무욕(無欲): 하고자 함이 없음. 意圖(의도)하지 않음.

35

執大象天下往 往而不害安平大.
집 대 상 천 하 왕　왕 이 불 해 안 평 대

樂與餌過客止 道之出口 淡乎 其無味.
낙 여 이 과 객 지　도 지 출 구　담 호　기 무 미

視之不足見 聽之不足聞 用之不足旣.
시 지 부 족 견　청 지 부 족 문　용 지 부 족 기

대상(大象)48)을 잡고

천하로 나아가면

가는 곳마다 해롭게 하지 않으며

편안히 평화로움만 크게 한다.

즐거움과 맛있는 음식이라면

---

48) 대상(大象): 대도(大道). 상법(常法).

지나가는 나그네도 멈추게 하지만
도(道)가 나오는 곳은
담백(淡白)하여 그 맛이 없다.
"도(道)는"
보려고 해도
족히 보지 못하고
들으려 해도
족히 듣지 못하며
사용하려 해도
족히 어찌하지 못한다.

36

將欲歙之 必固張之.
장욕흡지 필고장지

將欲弱之 必固强之.
장욕약지 필고강지

將欲廢之 必固興之.
장욕폐지 필고흥지

將欲奪之 必固與之.
장욕탈지 필고여지

是謂微明. 柔弱勝剛强.
시위미명 유약승강강

魚不可脫於淵.
어불가탈어연

國之利器 不可以示人.
국지이기 불가이시인

장차 숨을 들여 마시고자 하면

반드시 먼저 내쉬어야 하고

장차 약(弱)해지는 것은

반드시 먼저 강(强)해야 하며

장차 폐기(廢棄)되어지는 것은

반드시 먼저 흥성(興盛)했어야 하고

장차 뺏고자 하면

먼저 주어진 것이 있어야 한다.

위에서 말한 네 가지를

이르길 미명(微明)49)이라 한다.

유약(柔弱)한 것이

굳세고 강한 것을 이기며

물고기는 연못을 벗어날 수 없는 것이다.

나라의 이(利)로운 그릇은

가히 이로써

백성들에게 보이지 못하는 것이다.

---

49) 미명(微明): 여기서는 도(道)에 대한 개념으로 인용함. 미묘(微妙)한 이치(理致)를
알아 분명한 효과를 거둠. 어슴푸레한 빛.

37

道常無爲而無不爲 侯王若能守之 萬物將自化.
도 상 무 위 이 무 불 위　후 왕 약 능 수 지　만 물 장 자 화

化而欲作 吾將鎭之 以無名之樸.
화 이 욕 작　오 장 진 지　이 무 명 지 박

無名之樸 夫亦將無欲 不欲以靜 天下將自定.
무 명 지 박　부 역 장 무 욕　불 욕 이 정　천 하 장 자 정

도(道)는

항상 무위(無爲)[50]로

하지 못하는 것이 없으니

제후와 왕이

만약 능히 이를 지키어 가면

만물은 장차 스스로 변화하는 것이다.

---

50) 무위(無爲): 자연(自然) 그대로 꾸밈이 없음.

변화되어 가면서
무엇이 만들어지려고 할 때는
나도 장차 "죽고 나면"
이름도 없이 "보잘것없는"
나무토막처럼 굴러다니게 될 것이다.
이름도 없는 나무토막이여!
대저 또한 장차 나무토막은
무엇이 되고자 할 수도 없고
무엇이 되려고도 하지 못하다가
이로써
"오랜 시간이 지나"고요해지면
천하가
장차 "그 나무토막을"
스스로
"사람의 의지나 작용이 개입할 수 없는 상황 속에서" 정해 가리라.

38

上德不德 是以有德.
상 덕 부 덕 시 이 유 덕

下德不失德 是以無德.
하 덕 불 실 덕 시 이 무 덕

上德 無爲而無以爲.
상 덕 무 위 이 무 이 위

下德 爲之而有以爲.
하 덕 위 지 이 유 이 위

上仁 爲之而無以爲.
상 인 위 지 이 무 이 위

上義 爲之而有以爲.
상 의 위 지 이 유 이 위

上禮 爲之而莫之應.
상 례 위 지 이 막 지 응

則攘臂而扔之. 故失道而後德.
즉 양 비 이 잉 지 고 실 도 이 후 덕

失德而後仁. 失仁而後義. 失義而後禮.
실덕이후인 실인이후의 실의이후례

夫禮者 忠信之薄 而亂之首也.
부례자 충신지박 이란지수야

前識者 道之華 而愚之始也.
전식자 도지화 이우지시야

是以大丈夫 處其厚 不居其薄.
시이대장부 처기후 불거기박

處其實 不居其華.
처기실 불거기화

故 去彼取此.
고 거피취차

상덕(上德)51)은

덕(德)을 의식하지 않으니

이와 같이 하면서

덕(德)이 있다 보니 "상덕(上德)이라 하고"

하덕(下德)은

덕(德)을 잃지 않으려 하며

이와 같이 하면서도

덕(德)이 없다 보니 "하덕(下德)이라고 한다."

상덕(上德)은

꾸밈이 없이 무위(無爲)로써 하고

하덕(下德)은

"꾸며서" 유위(有爲)로써 한다.

상인(上仁)52)은

---

51) 상덕(上德): 훌륭한 덕(德).

96

무엇이 되게 하여도

무위(無爲)53)로서 되도록 하고

상의(上義)는 무엇이 되도록 하여도

유위(有爲)로써 하며

상례(上禮)54)는 무엇이 되게 하여도

응하는 것이 없으니

곧 물리치고 팔을 거둔다.

고로

도(道)를 잃은 후에는

덕(德)으로써 하려 하고

덕(德)을 잃은 후에

인(仁)으로써 "다스리려" 하며

인(仁)을 잃은 후에

예(禮)로써 다스리려 한다.

대저

예(禮)라는 것은

정성과 믿음이 얇은 것이라서

어지러움의 머리가 된다.

전부터 알고 있는 자인

"주문왕(周文王)은"

예(禮)를

---

52) 상인(上仁): 최상(最上)의 인자(仁慈)함. 유교(儒教) 덕목(德目) 인(仁), 의(義), 예(禮) 중 하나.

53) 상의(上義): 훌륭한 의(義).

54) 상례(上禮): 훌륭한 예의(禮義).

도(道)의 꽃으로 여겼는데

이는 어리석음의 시작(始作)이다.

이로써 대장부는

그 두터운 "덕(德)에" 몸담아야 하고

그 얇은 "예(禮)에" 머물지 않아야 하며

그 실(實)인 "덕(德)에" 몸담아야 하고

그 꽃인 "예(禮)에" 머물지 않아야 한다.

고로 저 "예(禮)를" 버리고

이 "덕(德)을" 취해야 한다.

39

昔之得一者.
석 지 득 일 자

天得一以淸 地得一以寧.
천 득 일 이 청 지 득 일 이 녕

神得一以靈 谷得一以盈.
신 득 일 이 령 곡 득 일 이 영

萬物得一以生 侯王得一以爲天下貞 其致之一也.
만 물 득 일 이 생 후 왕 득 일 이 위 천 하 정 기 치 지 일 야

天無以淸 將恐裂.
천 무 이 청 장 공 렬

地無以寧 將恐發.
지 무 이 녕 장 공 발

神無以靈 將恐歇.
신 무 이 령 장 공 헐

谷無以盈 將恐竭.
곡 무 이 영 장 공 갈

萬物無以生 將恐滅.
만물무이생 장공멸

侯王無以貴高 將恐蹶.
후왕무이귀고 장공궐

故 貴以賤爲本 高以下爲基.
고 귀이천위본 고이하위기

是以侯王 自謂孤寡不穀 此非以賤爲本耶?
시이후왕 자위고과불곡 차비이천위본야

非乎?
비호

故 致數譽無譽 不欲琭琭如玉 珞珞如石.
고 치삭예무예 불욕녹록여옥 낙락여석

예부터

하나 "도(道)를" 얻은 자로

하늘은

하나를 얻어 이로써 맑아지고

땅은

하나를 얻어 이로써 편안하며

신(神)은

하나를 얻어 이로써 신령(神靈)하고

골짜기는

하나를 얻어 이로써 채우며

만물(萬物)은

하나를 얻어 이로써 소생하고

제후(諸侯)와 왕(王)은

하나를 얻어 천하를 바르게 하니

그 이루도록 하는 것이

하나 "도(道)"이다.

하늘은

맑게 하는 것이 없으면

장차 찢어질까 두렵고

땅은

편안하게 하는 것이 없으면

장차 터져버릴까 두려우며

귀신은

신령(神靈)하게 하는 것이 없으면

장차 신통(神通)함이 다할까 두렵고

골짜기는

채움이 없어지면

장차 고갈될까 두려우며

만물은

소생함이 없으면

장차 멸망될까 두렵다.

제후와 왕에게

귀(貴)하고 고상한 점이 없어지면

장차 "권위가" 무너질까 두려우니

고로

귀(貴)한 것은 천(賤)한 것으로써 근본을 삼고

높은 것은 낮은 것으로써 기반을 삼는다.

이로써

제후와 왕이 스스로 이르기를

고(孤),55) 과(寡),56) 불곡(不穀)57)이라 하였으니

이는

천(賤)한 것으로써 근본을 삼으려고 한 것이 아니겠는가?

그렇지 않은가?

고로 자주 칭찬하다 보면

칭찬이 무색(無色)하게 될 것이니

"차라리" 다듬어진 옥(玉)이 되지 않고

다듬어지지 않은 옥석(玉石)이기를 바라는 것이다.

---

55) 고(孤): 고아(孤兒).

56) 과(寡): 과부(寡婦).

57) 불곡(不穀): 불곡(不穀)은 종이나 노예를 이름. 제왕(帝王)이 자신을 낮추어 고(孤),
과(寡), 불곡(不穀)이라 겸사(謙辭)로 낮추어 호칭(呼稱)함.

40

反者道之動 弱者道之用.
반 자 도 지 동   약 자 도 지 용

天下萬物 生於有 有生於無.
천 하 만 물   생 어 유   유 생 어 무

반(反)58)은

도(道)의 움직임이요.

약(弱)은 도(道)의 쓰임이다.

천하 만물은

유(有)를 낳고

유(有)는

무(無)를 낳는다.

---

58) 반(反): 돌아옴. 반복(反復)됨.

41

上士聞道 勤而行之.
상사문도 근이행지

中士聞道 若存若亡.
중사문도 약존약망

下士聞道 大笑之.
하사문도 대소지

不笑 不足以爲道.
불소 부족이위도

故 建言有之.
고 건언유지

明道若昧 進道若退
명도약매 진도약퇴

夷道若纇 上德若谷
이도약뢰 상덕약곡

太白若辱 廣德若不足
태백약욕 광덕약부족

建德若偸 質眞若渝
건 덕 약 투　질 진 약 투

大方無隅 大器晚成.
대 방 무 우　대 기 만 성

大音希聲 大象無形.
대 음 희 성　대 상 무 형

道隱無名 夫唯道 善貸且成.
도 은 무 명　부 유 도　선 대 차 성

상사(上士)[59]는

도(道)에 대해서 들으면

부지런히 행(行)하고 닦으며

중사(中士)[60]는

도에 대해 들으면

긴가? 민가? "반신반의(半信半疑)"하고

하사(下士)[61]는

도에 대해서 들으면

크게 비웃는다.

비웃지 않는다면

이를 도(道)라 하기에 부족(不足)한 것이다.

고로 말하기를

도(道)에 밝은 자는

어두운 듯 하고

도(道)에 나아가고 있는 자는

---

59) 상사(上士): 훌륭한 사람.

60) 중사(中士): 보통 사람.

61) 하사(下士): 어리석은 사람.

뒷걸음질하는 듯 하고

이도(夷道)[62]는 얽힌 실타래 같다 한다.

상덕(上德)은

골짜기와 같다 하고

결백(潔白)[63]한 것은

욕(辱)됨과 같다 하며

넓게 베푸는 덕(德)은

부족한 듯 하다 하고

덕(德)을 세우려 하면 구차한 듯하다.

질박하고 진실한 것이 더러운 듯 하고

대방(大方)[64]은

모서리가 없다 하며

대기(大器)는

만성(晩成)이라 하고

"훌륭한 음악인" 위대한 소리는

"항상 들을 수 없으므로" 드문 소리라 하며

"너무 커서 파악할 수 없이" 큰 형상은

형체가 없다고 한다.

도(道)가 숨어 있는 모습은

이름을 붙일 수 없으나

대저 오로지

---

62) 이도(夷道): 평이한 도(道). 도(道)의 작용(作用)을 인용한 개념(概念).

63) 결백(潔白): 지나친 결백(潔白)은 남의 비난을 받을 수 있음.

64) 대방(大方): 너무 크면 모서리가 어데 인지 알 수 없어서 파악할 수 없이 큰 것을 이름.

도(道)라는 것은
"무엇이 되도록" 잘 도와주고
잘 이루게 한다.

42

第四十二章

道生一 一生二 二生三 三生萬物.
도 생 일 일 생 이 이 생 삼 삼 생 만 물

萬物負陰而抱陽 沖氣以爲和.
만 물 부 음 이 포 양 충 기 이 위 화

人之所惡 唯孤寡不穀 而王公以爲稱.
인 지 소 오 유 고 과 불 곡 이 왕 공 이 위 칭

故 物或損之而益 或益之而損.
고 물 혹 손 지 이 익 혹 익 지 이 손

人之所敎 我亦敎之.
인 지 소 교 아 역 교 지

强梁者 不得其死 吾將以爲敎父.
강 양 자 부 득 기 사 오 장 이 위 교 부

도(道)는

하나 "무극(無極)65)을" 낳고

하나 "무극(無極)은"

둘 "음양(陰陽)을" 낳으며

둘 "음양(陰陽)은"

셋 "변화(變化)를" 낳고

셋 "변화(變化)는"

만물(萬物)을 낳으니

만물은

음(陰)[66]을 업고 양(陽)[67]을 안아서

기(氣)와 어우러져 조화(造化)를 이룬다.

사람들이 싫어하는 바인

오로지 고(孤)와 과(寡) 불곡(不穀)으로

왕공(王公)은 이로써 호칭(呼稱)을 삼는다.

고로 사물은

혹 손해가 되려다 이익이 되기도 하고

혹 이익이 되려다 손해가 되기도 한다.

사람들이 가르치는 바를

나 또한 가르치고 있으니

"힘만 믿고" 강하고 거칠게 구는 자는

그 죽음조차도 "뜻대로" 얻지 못한다.

나는 장차 이로써 가르침의 "으뜸인" 어버이로 삼는다.

---

65) 무극(無極): 끝이 없는 우주(宇宙)의 만물(萬物)이 생성(生成)되기 이전(以前)의 아무것도 존재하지 않는 근원(根源)적인 상태(狀態)를 이르는 말.

66) 음(陰): 동양(東洋) 철학(哲學)에서 태극(太極)이 나뉜 두 기운 가운데 소극적이고 수동적인 면을 상징하는 범주. 땅, 물, 차가움, 암컷 따위이다.

67) 양(陽): 동양(東洋) 철학(哲學)에서 태극(太極)이 나뉜 두 기운 가운데 적극적이고 능동적인 면을 상징하는 범주. 하늘, 해, 더움, 수컷 따위를 나타낸다.

43

第四十三章

天下之至柔 馳騁天下之至堅 無有入無間.
천 하 지 지 유 치 빙 천 하 지 지 견 무 유 입 무 간

吾是以 知無爲之有益.
오 시 이 지 무 위 지 유 익

不言之敎 無爲之益 天下希及之.
불 언 지 교 무 위 지 익 천 하 희 급 지

천하의 지극히 부드러운 것이

천하의 지극히 견고(堅固)한 것을 몰아내고

무유(無有)[68]로써

틈도 없는 곳에 들어가니

---

68) 무유(無有): 도(道)의 작용을 설명한 개념(槪念). 아무 형상이 없는 물건이나 허무
(虛無)의 경지(境地).

나는 이로써 무위(無爲)의 이익(利益)이

천하에 여기에 미칠 만한 것이 드물다고 하는 것이다.

44

第四十四章

名與身孰親 身與貨孰多 得與亡孰病.

명 여 신 숙 친　신 여 화 숙 다　득 여 망 숙 병

是故 甚愛必大費 多藏必厚亡.

시 고　심 애 필 대 비　다 장 필 후 망

知足不辱 知止不殆 可以長久.

지 족 불 욕　지 지 불 태　가 이 장 구

명예(名譽)와 몸은

누구를 더 친해야 하고

몸과 재화(財貨) 중

누구를 위하여 노력을 많이 해야 하며

"명예와 재화 중" 얻었을 때와 잃었을 때

어느 것이 더 병(病)이 되겠는가?

고로 심히 좋아하다 보면

반드시 크게 댓가를 치를 것이요.

많이 저장할수록

반드시 두껍게 망한다.

만족할 줄 알면 욕(辱)되지 않고

"명예(名譽)와 재화(財貨)에서" 그칠 줄 알면

위태롭지 않으니

가히 이로써 장구(長久)할 수 있다.

45

第四十五章

大成若缺　其用不弊.
대 성 약 결　기 용 불 폐

大盈若沖　其用不窮.
대 영 약 충　기 용 불 궁

大直若屈　大巧若拙　大辯若訥.
대 직 약 굴　대 교 약 졸　대 변 약 눌

躁勝寒　靜勝熱　清淨爲天下正.
조 승 한　정 승 열　청 정 위 천 하 정

크게 이루어진 것은

모자란 것 같으나

그 쓰임은 낡아지지 않고

크게 채워진 것은

비어 있는 것 같지만

그 쓰임은 다함이 없으며

크게 곧은 것은
굽은 듯 하고
크게 교묘한 것은
서투른 듯 하며
대단한 웅변은
더듬는 것 같다.
"많이" 움직이면
추위를 이기게 되고
고요히 있으면
더위를 견디게 하며
맑고 깨끗한 것이
천하를 바르게 한다.

46

第四十六章

天下有道 卻走馬以糞.
천하유도 각주마이분

天下無道 戎馬生於郊.
천하무도 융마생어교

禍莫大於不知足 咎莫大於欲得.
화막대어부지족 구막대어욕득

故 知足之足 常足矣.
고 지족지족 상족의

천하에

도(道)가 있을 때는

달리는 말이 "수레를 끌다 보니"

거리에 똥을 싸고

천하에

도(道)가 없으면

"전쟁으로" 오랑캐의 말이

성 밖에서 새끼를 낳는다.

화(禍)는

만족할 줄 모르는 것보다 큰 것이 없고

허물은

욕심이 많은 것보다 더 큰 것이 없으니

고로

족한 줄 알고 만족할 줄 알면

항상 만족할 수 있다.

47

第四十七章

不出戶 以知天下.
불출호 이지천하

不窺牖 以見天道.
불규유 이견천도

其出彌遠 其知彌少.
기출미원 기지미소

是以聖人 不行而知 不見而名 不爲而成.
시이성인 불행이지 불견이명 불위이성

문 밖을 나서지 않고도

이로써 천하를 "미루어" 알고

창문을 열지 않고도

이로써 천도(天道)를 본다.

그것은 멀리 나가지 않고는

그 아는 것조차 작다 하였는데

이로써 성인은
다녀보지 않고도 알고
보지 않은 것을 이름 붙이며
꾸미지 않고 이룬다.

48

第四十八章

爲學日益 爲道日損.
위 학 일 익 위 도 일 손

損之又損 以至於無爲 無爲而無不爲.
손 지 우 손 이 지 어 무 위 무 위 이 무 불 위

取天下 常以無事.
취 천 하 상 이 무 사

及其有事 不足以取天下.
급 기 유 사 부 족 이 취 천 하

학문(學問)을 위해서는

날마다 더해 가는 것이요.

도(道)를 닦기 위해서는

날마다 덜어내는 것이다.

덜어내고 덜어내다 보면

이로써 무위(無爲)에 이를 것이니

무위(無爲)로써

하지 못하는 것이 없다.

천하를 취하더라도

항상 "꾸밈없는" 무사(無事)[69]로서 해야 하고

마침내 "꾸밈인" 유사(有事)[70]로서 하게 되면

이로써는

천하를 취하기에 부족하다.

---

69) 무사(無事): 인위(人爲)를 가(加)하지 않고 자연(自然) 상태(狀態)로 둠.

70) 유사(有事): 꾸밈이 있게 하는 일. 일삼아 함.

49

第四十九章

聖人無常心 以百姓心爲心.
성인무상심 이백성심위심

善者吾善之 不善者吾亦善之 德善.
선자오선지 불선자오역선지 덕선

信者吾信之 不信者吾亦信之 德信.
신자오신지 불신자오역신지 덕신

聖人在天下歙歙 爲天下渾其心
성인재천하흡흡 위천하혼기심

百姓皆注其耳目 聖人皆孩之.
백성개주기이목 성인개해지

성인은

항상 "고정된" 마음이 없기에

백성의 마음으로써

"자신의" 마음을 삼고

"나에게" 잘해주는 자에게

나도 잘해주고

"나에게" 잘못하는 자에게도

나 또한 잘해주니

덕(德)의 선(善)이다.

"나를" 믿어주는 자를

나도 믿어주고

나를 믿어주지 않는 자도

나 또한 믿어주니

덕(德)의 믿음이다.

성인은

천하에 있는 기운을 살펴서

천하를 위하여 그 마음을 다하기에

백성들은 모두 그에게 이목(耳目)을 주목하게 되고

성인은

모두를 "순박하기가" 어린 아이와 같이 한다.

50

出生入死.
출 생 입 사

生之徒十有三 死之徒十有三
생 지 도 십 유 삼 사 지 도 십 유 삼

人之生動之死地 亦十有三.
인 지 생 동 지 사 지 역 십 유 삼

夫何故? 以其生 生之厚.
부 하 고 이 기 생 생 지 후

蓋聞 善攝生者 陸行不遇兕虎 入軍不被甲兵.
개 문 선 섭 생 자 육 행 불 우 시 호 입 군 불 피 갑 병

兕無所投其角 虎無所措其爪 兵無所用其刃.
시 무 소 투 기 각 호 무 소 조 기 조 병 무 소 용 기 인

夫何故? 以其無死地.
부 하 고 이 기 무 사 지

태어나서 죽음에 들기까지

제대로 살아가는 이가

열에 셋이요.

"중간에" 죽어가는 자가 열에 셋이다.

사람들이 살아서 움직이지만

사지(死地)에 빠져 있는 자가

또한 열에 셋이니

대체 어찌된 연고인가?

이는 그 살아가는 과정과 살아가는 모습이

"여러 가지로" 두텁기 때문이다.

대개 들리는 소문에 섭생(攝生)을 잘한 이는

육로(陸路)를 갈 때에도

물소나 호랑이를 만나지 않고

군대(軍隊)에 들어가도

갑병(甲兵)의 피해를 입지 않는다 한다.

물소도

그 뿔을 받을 곳이 없다 하고

호랑이도

그 발톱을 할퀼 곳이 없다 하며

병사(兵士)도

그 칼날을 찌를 곳이 없다 한다.

대체 어찌된 연고이겠는가?

이로써

"섭생을 잘한" 그와 같은 사람은

죽을 땅이 없다는 것이다.

51

第五十一章

道生之 德畜之 物形之 勢成之.
도 생 지 덕 축 지 물 형 지 세 성 지

是以萬物 莫不尊道而貴德.
시 이 만 물 막 부 존 도 이 귀 덕

道之尊 德之貴 夫莫之命而常自然.
도 지 존 덕 지 귀 부 막 지 명 이 상 자 연

故 道生之 德畜之 長之育之 享之毒之 養之覆之.
고 도 생 지 덕 축 지 장 지 육 지 향 지 독 지 양 지 복 지

生而不有 爲而不恃 長而不宰 是謂玄德.
생 이 불 유 위 이 불 시 장 이 부 재 시 위 현 덕

도(道)는 나게 하고

덕(德)은 길러주며

사물(事物)의 형태를 갖추어

세력을 이룬다.

이로써 만물은

도(道)를 숭상하고

덕(德)을 귀하게 여기지 않을 수 없다.

도(道)를 숭상하고

덕(德)을 귀하게 여기는 것은

대저 어떠한 명(命)이 없어도

항상 자연 그대로 이루어 가기 때문이다.

고로 도(道)는 낳게 하고

덕(德)은 길러주어 자라게 하며

살찌우게 하고

누리게도 하며 독이 되기도 하고

부양하기도 하지만

뒤엎어 버리기도 한다.

이렇게 낳아주었어도

소유하지 않으며

"무엇이" 되게 하여도

기대지 않고

우두머리이면서도

"억지로" 주재(主宰)하려고 하지 않으니

이를 이르기를 현덕(玄德)[71]이라 한다.

---

71) 현덕(玄德): 무위자연(無爲自然)의 덕(德). 남몰래 쌓아 밖으로 드러나지 아니한
   덕성(德性).

52

天下有始 以爲天下母.
천 하 유 시   이 위 천 하 모

旣得其母 復知其子 旣知其子 復守其母 歿身不殆.
기 득 기 모 부 지 기 자 기 지 기 자 부 수 기 모 몰 신 불 태

塞其兌 閉其門 終身不勤.
새 기 태   폐 기 문   종 신 불 근

開其兌 濟其事 終身不救.
개 기 태   제 기 사   종 신 불 구

見小曰明 守柔曰强.
견 소 왈 명   수 유 왈 강

用其光 復歸其明 無遺身殃 是謂習常.
용 기 광   복 귀 기 명   무 유 신 앙   시 위 습 상

천하의 시작이 있고 나서

도(道)로써 천하의 어미로 삼았고

이미 그 어미 "도(道)를" 얻고 나서

다시 그 자식 "덕(德)을" 알게 되었다.

이미 그 자식 "덕(德)을" 알고

다시 그 어미 "도(道)를" 지키면

몸이 다하도록 위태롭지 않다.

그 변화(變化)인

"도(道)의 작용이 겉으로 보기에는" 막히고

그 문이 닫혔다 해도

몸이 다하도록 "무위(無爲)에 맡기면"

부지런하지 않아도 되지만

그 변화를 열려 하고

그렇게 일을 유위(有爲)로 처리하게 되면

몸이 다하도록

구원 받지 못한다.

작은 것을 볼 수 있으면

밝다 하고

부드러움을 지키는 것을

강(强)하다 하며

그 빛인 "작은 것을 볼 수 있는 지혜를" 사용하여

그 밝음인 "무위(無爲)"로 복귀하면

몸에 재앙을 끼칠 수 없으니

이를 이르기를 습상(習常)72)이라 한다.

---

72) 습상(習常): 늘 항상 상도(常道)를 따름. 옛것을 고치지 않고 그대로 따름.

53

第五十三章

使我介然有知 行於大道 唯施是畏.
사 아 개 연 유 지 행 어 대 도 유 시 시 외

大道甚夷 而民好徑.
대 도 심 이 이 민 호 경

朝甚除 田甚蕪 倉甚虛
조 심 제 전 심 무 창 심 허

服文綵 帶利劍 厭飮食 財貨有餘
복 문 채 대 이 검 염 음 식 재 화 유 여

是謂盜夸 非道也哉.
시 위 도 과 비 도 야 재

나로 하여금

대략 아는 것이 있다면

대도(大道)는

행(行)하며 오직 베풀어지는 것이니

이에 두려운 것이라면

대도(大道)는

심히 평범하기에

백성들이 적당히 지나친다는 점이다.

조정(朝廷)은

다스림이 심해지고

논밭은

몹시 황폐해지며

창고는

텅 비어 있으면서

의복의 문양은

다채(多彩)롭고

허리에는

날카로운 칼을 차며

음식을

함부로 하고 싫어하면서도

재물과 돈이 여유가 있다면

이런 것이

이르자면 도둑질을 과시하는 것이다.

도(道)가 아니지 않은가?

54

善建者不拔 善抱者不脫 子孫以祭祀不輟.
선 건 자 불 발 선 포 자 불 탈   자 손 이 제 사 불 철

修之於身 其德乃眞.
수 지 어 신 기 덕 내 진

修之於家 其德乃餘.
수 지 어 가 기 덕 내 여

修之於鄉 其德乃長.
수 지 어 향 기 덕 내 장

修之於邦 其德乃豊. 修之於天下 其德乃普.
수 지 어 방 기 덕 내 풍 수 지 어 천 하 기 덕 내 보

故 以身觀身 以家觀家 以鄉觀鄉
고   이 신 관 신 이 가 관 가 이 향 관 향

以國觀國 以天下觀天下.
이 국 관 국 이 천 하 관 천 하

吾何以知天下然哉? 以此.
오 하 이 지 천 하 연 재   이 차

잘 세운 집안은

쉽게 뽑히지 않고

잘 감싸 기른 자손은

탈선하지 않는다 하니

자손이

제사로써 끊이지 않는다.

"그와 같은 마음으로" 자신을 닦으면

그 덕이 진실하고

집안을 보살피면

그 덕이 이내 여유가 있으며

마을을 가꾸면

그 덕이 오래가고

나라를 다스리면

그 덕이 풍부하며

천하를 보살피면

그 덕이 두루 미치게 된다.

고로

몸의 입장에서 몸을 관찰하고

가정의 입장에서 가정을 보살피며

마을의 입장으로 마을을 보고

나라의 입장에서 나라를 보며

천하의 입장으로써 천하를 보아야 한다.

무엇으로써 천하가 그러한지를 아느냐고 하면

이로써이다.

55

第五十五章

含德之厚 比於赤子.
함 덕 지 후 비 어 적 자

蜂蠆虺蛇不螫 猛獸不據 攫鳥不搏.
봉 채 훼 사 불 석 맹 수 불 거 확 조 불 박

骨弱筋柔而握固.
골 약 근 유 이 악 고

未知牝牡之合而全作 精之至也.
미 지 빈 모 지 합 이 전 작 정 지 지 야

終日號而不嗄 和之至也.
종 일 호 이 불 사 화 지 지 야

知和曰常 知常曰明.
지 화 왈 상 지 상 왈 명

益生曰祥 心使氣曰强 物壯則老 是謂不道.
익 생 왈 상 심 사 기 왈 강 물 장 즉 로 시 위 부 도

不道早已.
부 도 조 이

덕(德)을 머금어 두터워지면

비유하면 갓난아이와 같아지나니

벌이나 전갈 살모사와 같은 뱀도

쏘거나 물지 않는다 하고

맹수도 잡아가지 않으며

사나운 새도 채가지 못한다고 한다.

"갓난아이의" 뼈는 약한 듯 하고

근육이 부드럽지만

손으로 쥐는 힘은 굳세고

남녀의 교합은 알지 못하지만

성기가 온전하게 꼿꼿한 것은

정기가 지극하기 때문이다.

하루 종일 울어도

목이 세지 않는 것은

몸의 조화가 지극하기 때문이다.

조화(造化)를 아는 것을

"상(常)[73]"이라 하고

"상(常)"을 아는 것을

"명(明)"이라 한다.

삶을 유익하게 하는 것을

상(祥)이라 하고

마음으로 기(氣)를 다스리는 것을

강(强)이라 한다.

---

73) 상(常), 명(明), 상(祥), 강(强): 도(道)의 작용을 개념(槪念)으로 인용.

사물이

"자연(自然)이 아닌 상태에서" 굳세어진즉

"억지로" 늙어지는 것이라서

이를 이르길

부도(不道)라 하며

부도(不道)하면

일찍 끝나게 된다.

56

知者不言 言者不知.
지 자 불 언 언 자 부 지

塞其兌 閉其門 挫其銳.
새 기 태 폐 기 문 좌 기 예

解其紛 和其光 同其塵 是謂玄同.
해 기 분 화 기 광 동 기 진 시 위 현 동

故 不可得而親 不可得而疎.
고 불 가 득 이 친 불 가 득 이 소

不可得而利 不可得而害.
불 가 득 이 리 불 가 득 이 해

不可得而貴 不可得而賤.
불 가 득 이 귀 불 가 득 이 천

故 爲天下貴.
고 위 천 하 귀

아는 자는
"쉽게" 말하지 않는다 하고
떠벌리는 자는
제대로 알지 못한다 한다.
"도의 작용이 겉으로 보기에는"
그 변화(變化)가 막히고
그 문이 닫혀 있는 듯해도
날카로움을 꺾고
그 얽힌 것을 풀어내며
그 빛으로
조화(造化)를 이루고
그 티끌과도 하나가 되어 가나니
이를 이르길
"사물이 형성되는 과정으로"
가물함이 함께 한다고 한다.
그러므로
"도(道)는" 친할 수도 없고
그렇다고 멀리 할 수도 없으며
이익(利益)을 얻는 것도 불가(不可)하고
해(害)를 끼치는 것도 불가(不可)하며
귀(貴)하게 하는 것도 불가(不可)하고
천(賤)하게 하는 것도 불가(不可)하다 보니
고로 천하가
"도(道)를" 귀하게 여긴다.

57

以正治國 以奇用兵 以無事取天下.
이 정 치 국　이 기 용 병　이 무 사 취 천 하

吾 何以 知其然哉? 以此.
오　하 이　지 기 연 재　　이 차

天下多忌諱 而民彌貧.
천 하 다 기 휘　이 민 미 빈

民多利器 國家滋昏.
민 다 이 기　국 가 자 혼

人多伎巧 奇物滋起.
인 다 기 교　기 물 자 기

法令滋彰 盜賊多有.
법 령 자 창　도 적 다 유

故 聖人云 我無爲而民自化.
고　성 인 운　아 무 위 이 민 자 화

我好靜而民自正 我無事而民自富.
아 호 정 이 민 자 정　아 무 사 이 민 자 부

我無欲而民自業.
아 무 욕 이 민 자 업

바르게

나라를 다스려야 하고

기이한 방법으로

용병(用兵)을 해야 하며

무사(無事)로써

천하를 취해야 한다.

내가 어찌 그리 되는지를 알게 되었는가? 하면

이로써이다.

천하가 꺼리는 일이 많은데

백성들이 가난하면서

이로운 그릇이 많아지게 되면

국가가 점점 혼란해지고

사람들이 기교(技巧)가 많아지게 되면

기이한 물건이 만들어지게 되며

법령이 많아져 밝히려다 보면

도둑이 오히려 많아지게 된다.

고로 성인은 내가 꾸밈이 없어야

백성들 스스로 변화(變化)해 가고

내가 고요함을 좋아해야

백성들 스스로 바르게 살며

내가 "꾸며서" 하는 일이 없어야

백성들 스스로 부유해지며

내가 "이래라 저래라" 무엇을 하고자 함이 없어야
백성들 스스로 생업(生業)을 꾸려 나가게 된다.

58

第五十八章

其政悶悶 其民淳淳.
기 정 민 민   기 민 순 순

其政察察 其民缺缺.
기 정 찰 찰   기 민 결 결

禍兮 福之所倚.
화 혜   복 지 소 의

福兮 禍之所福 孰知其極.
복 혜   화 지 소 복   숙 지 기 극

其無正. 正復爲奇 善復爲妖 人之迷 其日固久.
기 무 정   정 부 위 기   선 부 위 요   인 지 미   기 일 고 구

是以聖人方而不割廉而不劌直而不肆光而不燿.
시 이 성 인 방 이 불 할 염 이 불 귀 직 이 불 사 광 이 불 요

정치가 답답하면

백성들이 순박(淳朴)할대로 순박해지고

정치가 간섭하면

백성들의 삶도 이지러진다.

화(禍)는 복(福)이 잘못 되어 의지하게 되는 바요.

복(福)은 화(禍)가 복이 되는 바이니

뉘라서

그 "화(禍)와 복(福)의" 끝을 알 수 있겠는가?

그 것은 바른 "답"이 없다.

바른 것이

다시 기이(奇異)한 것이 되기도 하고

선(善)한 것이

다시 요망(妖妄)한 것이 되기도 하니

사람이 미혹(迷惑)하게 되면

그런 날들이 고정(固定)되어 오래갈 뿐이다.

이로써 성인은

모난 것은 "모난대로 둘 뿐"

잘라내지 않고

모서리가 튀어나왔다 해도

"튀어나온 대로 둘 뿐" 상처내지 않으며

곧은 것은

"곧은 대로 둘 뿐" 펼치려 하지 않고

빛은

"빛으로 둘 뿐" 비추려 하지 않는다.

59

第五十九章

治人事天 莫若嗇.
치 인 사 천 막 약 색

夫唯嗇 是謂早服 早服謂之重積德.
부 유 색 시 위 조 복 조 복 위 지 중 적 덕

重積德則無不克 無不克則莫知其極.
중 적 덕 즉 무 불 극 무 불 극 즉 막 지 기 극

莫知其極 可以有國.
막 지 기 극 가 이 유 국

有國之母 可以長久.
유 국 지 모 가 이 장 구

是謂深根固柢 長生久視之道.
시 위 심 근 고 저 장 생 구 시 지 도

사람을 다스리고

하늘의 뜻을 섬기는 것에서

아끼는 것보다 나은 것은 없다.

대저 오로지 아낀다는 것은

이를 이르길

조복(早服)[74]이라 하고

조복이란

거듭 덕을 쌓아가는 것이다.

거듭 덕을 쌓아 간즉

이기지 못할 것이 없고

이기지 못할 것이 없은즉

그 지극함이 알지 못할 것이 없다고 한다.

지극하여 알지 못할 것이 없게 되면

가히 이로써 나라가 있어도 된다.

나라가 있고 나서

어미로 삼는 것은

가히 이로써 장구(長久)한 것이다.

이래서 이르길

뿌리는 깊게 하고

토대는 견고히 하라는 것이니

오래도록 볼 수 있게 하는 것이

도(道)이다.

---

74) 조복(早服): 도(道)의 개념(槪念)으로 인용. 일반적인 뜻은 '일찍 깨달음'.

60

第六十章

治大國 若烹小鮮.
치 대 국   약 팽 소 선

以道莅天下 其鬼不神 非其鬼不神.
이 도 리 천 하   기 귀 불 신   비 기 귀 불 신

其神不傷人 非其神不傷人.
기 신 불 상 인   비 기 신 불 상 인

聖人亦不傷人 夫兩不相傷.
성 인 역 불 상 인   부 양 불 상 상

故 德交歸焉.
고   덕 교 귀 언

큰 나라를 다스리게 되더라도

작은 생선을

"조심해서" 익히듯이 해야 한다.

이로써

도(道)가 천하에 이르고 나서

그 귀신들조차도

귀신같지 않게 되었다면

그 귀신이

귀신같지 않은 것이 아니라

"도가 천하에 이르고 나서이며"

그 귀신이

사람을 상하게 하지 않았다면

그것은

그 귀신이

사람을 상하게 하지 않은 것이 아니라

"도가 천하에 이르고 나서이다."

성인도

또한 사람을 상하게 하지 않으니

대저

"도(道)와 성인(聖人)" 양자는

서로 상하게 하지 않는다.

고로

덕이 교류하며 돌아감이라 한다.

61

第六十一章

大國者 下流 天下之交 天下之牝.
대 국 자 하 류 천 하 지 교 천 하 지 빈

牝常以靜勝牡 以靜爲下.
빈 상 이 정 승 모 이 정 위 하

故大國 以下小國 則取小國.
고 대 국 이 하 소 국 즉 취 소 국

小國 以下大國 則取大國.
소 국 이 하 대 국 즉 취 대 국

故 或下以取 或下而取.
고 혹 하 이 취 혹 하 이 취

大國 不過欲兼畜人. 小國 不過欲入事人.
대 국 불 과 욕 겸 축 인 소 국 불 과 욕 입 사 인

夫兩者 各得其所欲.
부 양 자 각 득 기 소 욕

大者 宜爲下.
대 자 의 위 하

큰 나라는

낮추어

흘러 모인 것이고

천하와 교류(交流)하여

천하를 이룬 것이다.

암컷은

항상 고요함으로써

수컷보다 나은 점이 되었고

고요함으로써

아래를 삼는다.

고로 큰 나라는

작은 나라에게

"자신을" 낮춤으로써

곧 작은 나라에게서

"세(勢)를" 취하였고,

작은 나라는

큰 나라한테 아래가 되어서

곧 큰 나라에게서 "안정을" 취한다.

고로

혹은 낮추는 것으로써 취하기도 하고

혹은 아래여서 취하기도 한다.

큰 나라가

겸하고자 했던 점은

사람의 "세(勢)를" 쌓고자 한 것에 불과하고

작은 나라가

들어가고자 했던 점은

"안정(安定)하여" 사람을 섬기고자한 것에 지나지 않았으니 대
저 이 양자(兩者)는

각각 그들이 하고자 하는 바를 얻었으니

크게 되고자 하는 자는

마땅히 아래를 위해야 한다.

62

道者 萬物之奧 善人之寶 不善人之所保.
도자 만물지오 선인지보 불선인지소보

美言可以市 尊行可以加於人.
미언가이시 존행가이가어인

人之不善 何棄之有.
인지불선 하기지유

故 立天子 置三公 雖有拱璧以先駟馬 不如坐進此道.
고 입천자 치삼공 수유공벽이선사마 불여좌진차도

古之所以貴此道者 何?
고지소이귀차도자 하

不曰求以得 有罪以免耶?
불왈구이득 유죄이면야

故 爲天下貴.
고 위천하귀

도(道)는

만물(萬物)에게 오묘(奧妙)한 것이니

선(善)한 이에게 보배요.

불선(不善)한 이에게도 보존해주는 바이다.

아름다운 말은

저자에 오가며 전해지기 마련이고

훌륭한 행동은

가히 이로써 사람들에게 도움을 주기 마련인데

사람에게 불선(不善)한 점이 있다면

어찌하면 버릴 수 있게 하겠는가?

고로 천자(天子)[75]를 세우고

삼공(三公)[76]을 두어

비록 구슬을 치장하고

네 마리의 말이 끄는 말을 타고 행사를 하지만

이는 가만히 앉아서

이 도(道)를 닦는 것만 같지 못하다고 한다.

예부터

이 도(道)를 귀(貴)하게 여긴 까닭은 무엇이겠는가?

"억지로" 주장은 않겠지만

"도를" 구하고자 하면

"수행하여" 이로써 얻어야 하고

죄(罪)가 있는 자라 할지라도

---

75) 천자(天子): 하늘의 뜻을 이어받아 나라를 다스리는 사람. 하늘의 아들이라는 뜻.

76) 삼공(三公): 태사(太師), 태부(太傅), 태보(太保), 높은 관직(官職)이름.

"도를 닦아 순리를 따르다 보면" 이로써 면하게 된다.

고로 천하가 귀(貴)히 여기는 것이다.

63

第六十三章

爲無爲 事無事 味無味.
위무위 사무사 미무미

大小多少 報怨以德 圖難於其易 爲大於其細.
대소다소 보원이덕 도난어기이 위대어기세

天下難事 必作於易 天下大事 必作於細.
천하난사 필작어이 천하대사 필작어세

是以聖人 終不爲大.
시이성인 종불위대

故 能成其大.
고 능성기대

夫輕諾 必寡信 多易必多難.
부경락 필과신 다이필다난

是以聖人 猶難之.
시이성인 유난지

故 終無難矣.
고 종무난의

무엇을 하여도

무위(無爲)로써 하고

무사(無事)로써 처리하며

무미(無味)77)로서 맛을 삼아야 한다.

크건 작건, 많든 적든

원한(怨恨)을 덕(德)으로써 갚도록 하고

어려운 일은

그것이 쉬울 때 도모(圖謀)해야 하며

큰일은

그것이 미세(微細)할 때 해야 한다.

천하의 어려운 일이라 해도

반드시 쉬운 곳에서 시작(始作)하고

천하의 큰일이라 해도

반드시 미세(微細)한 것에서 시작(始作)된다.

이로써 성인은

끝까지 큰일을 하지 않고도

고로 능히 그 큰일을 이루어낸다.

대개 가벼운 승낙(承諾)은

반드시 믿음이 적기 마련이고

쉬운 일이 많다 보면

반드시 어려운 일이 많아지기 마련이니

이로써 성인은

오히려 어려워하다 보니

마침내 어려움이 없게 되는 것이다.

---

77) 무미(無味): 평범하고 담박함. 맛이 없음.

64

第六十四章

其安易持　其未兆易謀　其脆易泮
기안이지　기미조이모　기취이반

其微易散　爲之於未有　治之於未亂.
기미이산　위지어미유　치지어미란

合抱之木　生於毫末.
합포지목　생어호말

九層之臺　起於累土.
구층지대　기어누토

千里之行　始於足下.
천리지행　시어족하

爲者敗之　執者失之.
위자패지　집자실지

是以聖人　無爲故　無敗　無執故　無失.
시이성인　무위고　무패　무집고　무실

民之從事　常於幾成而敗之　愼終如始　則無敗事.
민지종사　상어기성이패지　신종여시　즉무패사

是以聖人 欲不欲 不貴難得之貨.
시 이 성 인 욕 불 욕 불 귀 난 득 지 화

學不學 復衆人之所過.
학 불 학 부 중 인 지 소 과

以輔萬物之自然 而不敢爲.
이 보 만 물 지 자 연 이 불 감 위

그것이

안정(安定)되었을 때는

유지하기 쉽고

그것의

조짐(兆朕)이 미약(微弱)할 때는

도모(圖謀)하기 쉬우며

그것이

무를 때는 녹이기 쉽고

그것이

희미할 때는

흩어버리기 쉽다.

아직 문제(問題)가 되지 않았을 때

"미연에" 처리해야 하고

어지러워지기 전에

다스려야 한다.

한 아름되는 나무도

털끝에서 생기고

구층의 누대(樓臺)도

한 줌의 흙이 쌓여 기초(基礎)를 닦고 이루어지며

천리 길도
한 발자국 아래에서 시작된다.
억지로 꾸며서 한 것은
패(敗)하게 되고
억지로 잡은 자는
잃기 마련이니
이로써 성인(聖人)은
꾸며서 하는 일이 없는 고로
패(敗)하는 일이 없고
억지로 잡은 것이 없다 보니
잃을 것도 없다.
백성들이
어떤 일에 종사하는 것을 보면
항상 거의 이루었다가 실패하기도 하는데
이는 신중(愼重)하기를
처음 시작할 때처럼 끝까지 하였다면
곧 실패하는 일이 없게 된다.
이로써
성인은
무엇을 하고자 하거나
얻기 어려운 재화라도
귀하게 여기지도 않고
욕심내지 않으며
무엇을 배운다 해도
여러 사람이 허물이 되었던 것을

반복(反復)하거나 배우려 하지 않으니

이로써 만물이

스스로 그러하도록 도울 뿐

감히 억지로 꾸미지 않는다.

65

第六十五章

古之善爲道者 非以明民 將以愚之.
고 지 선 위 도 자 비 이 명 민 장 이 우 지

民之難治 以其智多.
민 지 난 치 이 기 지 다

故 以智治國 國之敵.
고 이 지 치 국 국 지 적

不以智治國 國之福.
불 이 지 치 국 국 지 복

知此兩者 亦稽式.
지 차 양 자 역 계 식

常知稽式 是謂玄德.
상 지 계 식 시 위 현 덕

玄德 深矣遠矣 與物反矣 然後乃至大順.
현 덕 심 의 원 의 여 물 반 의 연 후 내 지 대 순

옛날에

도(道)를 잘 닦는 자는

이로써

백성들이 명석(明晳)하지 않게 하였고

장차 이로써

어리석도록 하였다.

백성들이

다스리기 어려워지게 되는 것은

그들이

지혜(智慧)가 많아지기 때문이다.

고로

지혜(智慧)로써 나라를 다스리는 것을

나라의 적(敵)이라 하고

지혜로써 나라를 다스리지 않는 것을

나라의 복(福)이라 한다.

이 양자(兩者)를 아는 것을

또한 계식(稽式)78)이라 하며

항상 계식(稽式)을 알고 있으면

이를 이르길 현덕(玄德)이라 하니

현덕(玄德)이여!

깊고도 아득하다.

사물(事物)과 더불어 반복(反復)되고

그런 연후에

이내 대순(大順)79)에 이른다.

---

78) 계식(稽式): 준칙(準則), 법식(法式).

79) 대순(大順): 자연(自然), 천연(天然). 윤상(倫常). 천도(天道)에 순응(順應)함.

66

第六十六章

江海所以能爲百谷王者 以其善下之.
강해소이능위백곡왕자 이기선하지

故能爲百谷王.
고능위백곡왕

是以 欲上民 必以言下之.
시이 욕상민 필이언하지

欲先民 必以身後之.
욕선민 필이신후지

是以聖人 處上而民不重 處前而民不害.
시이성인 처상이민부중 처전이민불해

是以 天下樂推而不厭 以其不爭.
시이 천하낙추이불염 이기부쟁

故 天下莫能與之爭.
고 천하막능여지쟁

강(江)과 바다가

능히 모든 골짜기의 왕(王)이 될 수 있는 까닭은

이는 "강과 바다" 그것이

낮은 곳에 있기 때문이다.

고로 능히

모든 골짜기의 왕이 된다.

이로써

백성들보다 위에 있고자 하면

반드시 말부터 자신을 낮추어야 하고

백성들보다 앞에 있고자 하면

반드시 몸을 "백성들" 뒤에 두어야 한다.

이로써

성인(聖人)은 위에 있어도

백성들이 부담을 느끼지 않도록 하고

앞에 있어도

백성들에게 해롭게 하지 않으니

이로써

천하가 기꺼이 밀어주고

싫어하지 않는 것이다.

이로써

그가 다투지 않다 보니

천하가 능히

더불어 다툴 수 없는 것이다.

67

天下皆謂 我道大似不肖.
천하개위 아도대사불초

夫唯大 故 似不肖 若肖久矣 其細矣夫.
부유대 고 사불초 약초구의 기세의부

我有三寶 持而保之.
아유삼보 지이보지

一曰慈 二曰儉 三曰不敢爲天下先.
일왈자 이왈검 삼왈불감위천하선

慈故 能勇 儉故 能廣 不敢爲天下先.
자고 능용 검고 능광 불감위천하선

故 能成器長.
고 능성기장

今舍慈且勇 舍儉且廣 舍後且先 死矣.
금사자차용 사검차광 사후차선 사의

夫慈以戰則勝 以守則固. 天將求之 以慈衛之.
부자이전즉승 이수즉고 천장구지 이자위지

천하가

모두 이르길

나의 도(道)는 크기만 할 뿐

불초(不肖)한 것 같다고 한다.

대저 오로지 크다 보니

고로 불초(不肖)80)한 것만 같고

불초하면서도 오래갈 수 있었다면

그 세밀한 것은 도대체 무엇 때문이겠는가?

나에게

세 가지 보물이 있어

유지하고 보존하고 있으니

그 첫째는

자애(慈愛)하는 것이요,

그 둘째는

검소(儉素)함이며,

그 셋째는

감히 천하를 위한다며 앞에 나서지 않는 것이다.

자애(慈愛)하는 고로

능히 용감할 수 있고

검소(儉素)하다 보니

널리 베풀 수 있으며

감히 천하를 위한다며

앞에 나서지 않다 보니

---

80) 불초(不肖): 소임(所任)을 감당하지 못하는 사람.

고로 능히 그릇이 장구(長久)함을 이루게 된다.

지금의 사람들은

자애(慈愛)는 놓아둔 채

또한 용감(勇敢)하려고 하고

검소(儉素)함은 놓아둔 채

널리 베풀려 하며

뒤는 제쳐두고

또한 앞에 나서려고 하다 보니

이는 죽음뿐이다.

대저

자애(慈愛)로써 싸운즉

승리(勝利)하고

이로써 지킨즉

견고(堅固)할 것이며

하늘도 장차 구해주리니

이로써

자애(慈愛)가 호위(護衛)되어 주는 것이다.

68

善爲士者 不武.

선 위 사 자 불 무

善戰者 不怒.

선 전 자 불 노

善勝敵者 不與.

선 승 적 자 불 여

善用人者 爲之下.

선 용 인 자 위 지 하

是謂不爭之德 是謂用人之力.

시 위 부 쟁 지 덕 시 위 용 인 지 력

是謂配天 古之極.

시 위 배 천 고 지 극

잘 훈련된 무사(武士)는

무력(武力)을 "좀체로" 사용하지 않는다 하고

싸움을 잘하는 자는

"쉽게" 성내지 않는다 하며

적(敵)을 잘 이겨내는 자는

되도록 맞서 부딪히지 않는다 한다.

사람을 잘 부리는 자는

"평소에도" 아랫사람을 위할 줄 안다 하니

이를 이르기를

다투지 않는 덕(德)이라고 하고

이를 이르기를

사람을 부리는 힘이라고 하며

이를 이르기를

하늘과 짝이 될만 하다고 하니

옛 사람의

지극함이다.

69

用兵有言.
용 병 유 언

吾不敢爲主 而爲客. 不敢爲寸 而退尺.
오 불 감 위 주 이 위 객 불 감 위 촌 이 퇴 척

是謂行無行 攘無臂 執無兵 扔無敵.
시 위 행 무 행 양 무 비 집 무 병 잉 무 적

禍 莫大於輕敵 輕敵幾喪吾寶.
화 막 대 어 경 적 경 적 기 상 오 보

故 抗兵相加 哀者勝矣.
고 항 병 상 가 애 자 승 의

용병(用兵)에 대하여

할 말이 있으니

"전쟁을 하게 되더라도"

나는

감히 "나의 힘과 지기(知己)만 믿고"

주관적(主觀的)으로 하지 않고

"상대를 충분히 지피(知彼)한 다음"

객관적(客觀的)으로 하며

감히 한 치의 땅을 위하지 않고

한 자를 물러날 줄 아는데

이러한 행동을

꾸밈이 없는 행동이라 이른다.

"꾸밈이 없는 용병(用兵)은"

팔을 쓰는 일이 없어도 물리치고

병사(兵士)가 없이도 승리하게 하며

무적(無敵)의 상태를 유지할 수 있게 하는 것이다.

화(禍)는 적(敵)을 가볍게 보는 것보다 큰 것이 없고

적(敵)을 가볍게 보았다가

얼마나 우리의 "아까운 생명인" 보물을 죽게 하였던가?

고로 적과 대치하며 서로 부딪혀도

"사람의 생명을 소중히 여겨서"

애통해하는 자가 승리하게 되는 것이다.

70

吾言 甚易知 甚易行 天下莫能知 莫能行.
오 언 심 이 지 심 이 행 천 하 막 능 지 막 능 행

言有宗 事有君 夫唯無知.
언 유 종 사 유 군 부 유 무 지

是以 不我知.
시 이 불 아 지

知我者希 則我者貴.
지 아 자 희 즉 아 자 귀

是以聖人 被褐懷玉.
시 이 성 인 피 갈 회 옥

나의 말은

매우 알기 쉽고

몹시 행하기 쉬운데도

천하에 능히 알려고 하는 이가 없고

능히 행하고자 하는 이도 없다.

말에는

종(宗)[81]이 있고

일에는 주인이 있기 마련인데

대저 오로지 알 수 없다.

이로써

내가 "백성을" 알지 못한다는 것이다.

나를 아는 자를 희유(希有)하다 하고

자신을 억제할 줄 아는 자를 귀(貴)하다고 한다.

이로써

성인은 베옷을 입고 있어도

가슴에 옥을 품고 있다고 하는 것이다.

---

81) 종(宗): 하나의 사물에서 주(主)가 되어 영향을 끼치는 것. 종파(宗派), 갈래유파,
근본(根本), 본지(本旨).

71

知不知上　不知知病.
지 부 지 상　부 지 지 병

夫唯病病　是以不病.
부 유 병 병　시 이 불 병

聖人不病　以其病病　是以不病.
성 인 불 병　이 기 병 병　시 이 불 병

아는 것을

"겸손해서" 모른다고 하는 것을

훌륭하다 하고

모르는 것을

아는 척하는 것을

병(病)이라고 한다.

대저

오로지 병이 깊은 대도
이로써 "아는 척하며" 아픈 줄도 모른다.
성인이
병들지 않는 것은
이는
그 병이 병인 줄 알기 때문이며
이로써 병들지 않게 되는 것이다.

72

民不畏威 則大威至.
민 불 외 위 즉 대 위 지

無狎其所居 無厭其所生.
무 압 기 소 거 무 염 기 소 생

夫唯不厭 是以不厭.
부 유 불 염 시 이 불 염

是以聖人 自知不自見 自愛不自貴.
시 이 성 인 자 지 부 자 현 자 애 부 자 귀

故 去彼取此.
고 거 피 취 차

백성들이

위엄(威嚴)을 두려워하지 않는다면

곧 큰 위엄(威嚴)이 이른 것이다.

그가 머무는 곳을

업신여기지 않고
그가 생활하는 모습을
싫어하지 않기 때문이다.
대저 오로지
싫어하지 않게 된 것은
"스스로 드러내지 않고 스스로 귀하다고 여기지 않음"으로써 싫
어하지 않는 것이다.
이로써 성인은
자신을 알기에 스스로 드러내지 않고
자기 자신을 아끼지만
스스로 귀하다고 여기지 않으니
그래서
저것 "업신여기고 싫어함"을 버리고
이것 "스스로 드러내지 않는 것과 스스로 귀하다고 여기지 않는
것"을 취한다.

73

勇於敢則殺 勇於不敢則活.
용 어 감 즉 살 용 어 불 감 즉 활

此兩者 或利或害.
차 양 자 혹 리 혹 해

天地所惡 孰知其故.
천 지 소 오 숙 지 기 고

是以聖人 猶難之.
시 이 성 인 유 난 지

天地道 不爭而善勝 不言而善應 不召而自來.
천 지 도 부 쟁 이 선 승 불 언 이 선 응 불 소 이 자 래

繟然而善謀 天網恢恢 疎而不失.
천 연 이 선 모 천 망 회 회 소 이 불 실

용감하게

감행한즉 죽음뿐이요.

용감해도

감행하지 않은즉 사는 길이다.
이 양자는
혹은 "용감하기 때문에" 이롭기도 하고
혹은 해롭기도 하다.
하늘과 땅이 미워하는 바를
뉘라서 그 연고를 알 수 있겠는가?
이로써 성인은
오히려 "머뭇거리고" 어려워한다.
천지의 도(道)는
다투지 않으면서도 잘 이겨내고
말하지 않아도 잘 응하며
부르지 않아도 온다.
"이토록" 넉넉하게 하고 잘 도모하니
하늘의 그물은
"그물코가" 넓고 넓어서 성근 듯하지만
결코 잃지 않는 것이다.

74

民不畏死 奈何以死懼之?
민 불 외 사　나 하 이 사 구 지

若使民常畏死 而爲奇者 吾得執而殺之 孰敢?
약 사 민 상 외 사　이 위 기 자　오 득 집 이 살 지　숙 감

常有司殺者殺 夫代司殺者殺.
상 유 사 살 자 살　부 대 사 살 자 살

是謂代大匠斲 夫代大匠斲者 希有不傷其手矣.
시 위 대 대 장 착　부 대 대 장 착 자　희 유 불 상 기 수 의

백성들이

죽음을 두려워하지 않는 것을

어찌하면

무엇으로써

죽음이 두려움인 것임을 알게 하겠는가?

만약 백성들로 하여금

죽음을 두렵게 하기 위하여

기이한 방법으로 하여

내가 그들을 잡아다가 죽이겠다고 "으름장을" 놓으면

누군들 감히 "죽음을 두려워하지 않겠는가?"

"이는" 항상 죽이던 일을 맡아서

"天命(천명)"이 죽이던 것을

대저

죽이는 일을 맡아하던 자를 대신해서

죽이는 것이니

이를 큰 장인을 대신해서 나무를 깎는 것이라 이른다.

대저

큰 장인을 대신해서 나무를 깎는 자가

드물게 그 손을 상하지 않을 수 있겠는가?

75

民之饑 以其上食稅之多 是以饑.
민 지 기 이 기 상 식 세 지 다 시 이 기

民之難治 以其上之有爲 是以難治.
민 지 난 치 이 기 상 지 유 위 시 이 난 치

民之輕死 以其上求生之厚 是以輕死.
민 지 경 사 이 기 상 구 생 지 후 시 이 경 사

夫唯無以生爲者 是賢於貴生.
부 유 무 이 생 위 자 시 현 어 귀 생

백성들이

굶주리게 되는 것은

이는 그 위의 지배자가

세금을 많이 거두어 먹기 때문이다.

이로써

굶주리게 되면

백성들을 다스리기 어려워진다.

이로써

"굶주림" 그것은

위에서 꾸밈이 있었기 때문이니

이로써 다스리기 어려워진 것이라 하며

백성들이 "죽음을 두려워하지 않고"

죽음을 가볍게 여기게 되는 것이다.

이로써

"죽음을 가볍게 여긴" 그것이

삶을 구하는데 "어려움이" 두텁기 때문이었으며

이로써

죽음을 가볍게 여긴 것이다.

대저 오로지 이와 같은 일

"세금을 지나치게 걷어서 백성들이 죽음을 두려워하지 않는 것"
없이

살아갈 수 있도록 해주는 자라면

이는 삶을 귀하게 해주는 자보다도

더욱 현명한 것이다.

76

人之生也柔弱　其死也堅强.

인 지 생 야 유 약　기 사 야 견 강

萬物草木之生也　柔脆　其死也　枯槁.

만 물 초 목 지 생 야　유 취　기 사 야　고 고

故　堅强者死之徒　柔弱者生之徒.

고　견 강 자 사 지 도　유 약 자 생 지 도

是以兵强則滅　木强則折　强大處下　柔弱處上.

시 이 병 강 즉 멸　목 강 즉 절　강 대 처 하　유 약 처 상

사람이

살아 있을 때는

부드럽고 약(弱)하며

사람이

죽었을 때는

억세고 뻣뻣해진다.

만물과 초목도
살아 있는 것은 부드럽고 무르지만
그것이 죽으면
메마르고 딱딱해진다.
고로
억세고 뻣뻣한 것은
죽은 것의 무리요.
부드럽고 약한 것은
살아 있는 무리이다.
이로써
군(軍)도 강(强)한즉
"오히려" 멸망(滅亡)하게 되고
나무도 뻣뻣하면 곧 끊어지게 된다.
뻣뻣함이 커지면
아래에 처(處)해지고
부드럽고 약한 것은
위에 처(處)해지는 것이다.

77

天之道.
천 지 도

其猶張弓 高者抑之.
기 유 장 궁 고 자 억 지

下者擧之 有餘者損之 不足者補之.
하 자 거 지 유 여 자 손 지 부 족 자 보 지

天地道 損有餘 而補不足.
천 지 도 손 유 여 이 보 부 족

人之道則不然 損不足 以奉有餘.
인 지 도 즉 불 연 손 부 족 이 봉 유 여

孰能有餘 以奉天下 唯有道者.
숙 능 유 여 이 봉 천 하 유 유 도 자

是以聖人 爲而不恃 功成而不處 其不欲見賢.
시 이 성 인 위 이 불 시 공 성 이 불 처 기 불 욕 현 현

하늘의 도(道)는

그것이

마치 활줄을 고르는 것 같아서

높은 곳은 누르고

낮은 곳은 돋우며

남는 곳은 덜고

부족한 곳은 채운다.

"이와 같이" 천지의 도는

남는 것을 덜어서

부족한 것을 돕는데

사람의 도(道)라고 하는 것은

그렇지 못해서

부족한 것에서 덜어내어

이로써 남는 것에 보탠다.

뉘라서 능히

여유가 있어서

이로써 천하를 받들 수 있겠는가?

오직 도(道)를 깨달은 자이다.

이로써 성인은

"무엇이" 되도록 하여도

기대지 않고

공을 이루어도 몸담지 않으니

그것은 현명함을 드러내려고 하지 않기 때문이다.

78

天下莫柔弱於水 而攻堅强者.
천 하 막 유 약 어 수   이 공 견 강 자

莫之能勝 以其無以易之.
막 지 능 승   이 기 무 이 역 지

弱之勝强 柔之勝剛 天下莫不知 莫能行.
약 지 승 강   유 지 승 강   천 하 막 부 지   막 능 행

是以聖人云 受國之垢 是謂社稷之主.
시 이 성 인 운   수 국 지 구   시 위 사 직 지 주

受國不祥 是謂天下王 正言若反.
수 국 불 상   시 위 천 하 왕   정 언 약 반

천하에

부드럽고 약한 것으로

물만한 것이 없는데

이로써 굳세고 강한 것을 쳐서

능히 이기지 못하는 것이 없다.

그 없는 듯한 것으로서

"만물을 생성하고" 바꾸어 간다.

약한 것이

강한 것을 이기고

부드러운 것으로

굳센 것을 누르는 것이야 말로

이를 천하에 알지 못하는 이 없겠지만

능히 행하고자 하는 이는 없다.

이로써 성인이 이르기를

나라의 더러움인

"치욕(恥辱)을" 받아들일 수 있으면

이를 이르기를

사직(社稷)의 주인(主人)이 될만 하다 하였고

나라의 상서롭지 못한

"전쟁(戰爭), 질병(疾病), 흉년(凶年) 등의 상황을"

받아들일 수 있다면

이를 이르길

천하의 왕(王)이 될만 하다 하였다.

바른 말이다.

반대할 수 있겠는가?

79

和大怨 必有餘怨 安可以爲善.
<small>화 대 원 필 유 여 원 안 가 이 위 선</small>

是以聖人 執左契 而不責於人.
<small>시 이 성 인 집 좌 계 이 불 책 어 인</small>

有德司契 無德司徹 天道無親 常與善人.
<small>유 덕 사 계 무 덕 사 철 천 도 무 친 상 여 선 인</small>

큰 원한은

화해(和解)하였다 해도

반드시 원한이 남아 있게 마련인데

어찌

이 "화해"로 잘 되었다고 할 수 있겠는가?

이로써 성인은

"돈을 빌려주고 만든 채권인" 좌계(左契)[82]를 가지고 사람들에게 책임을 추궁하지 않는다 한다.

덕(德)이 있는 이에겐

채권(債券)을 맡기고

덕(德)이 없으면

세금(稅金)을 맡긴다 한다.

천도(天道)는 친할 수 없으니

항상 "덕이 있던 덕이 없던 관계없이"

모든 사람들에게 잘한다.

---

82) 좌계(左契): 돈을 빌리고 작성한 채권 중 채권증서의 왼쪽 반(채권자가 가지는 쪽).

80

小國寡民　使有什伯之器　而不用.
<small>소 국 과 민　사 유 십 백 지 기　이 불 용</small>

使民重死　而不遠徙.
<small>사 민 중 사　이 불 원 사</small>

雖有舟輿　無所乘之.
<small>수 유 주 여　무 소 승 지</small>

雖有甲兵　無所陣之.
<small>수 유 갑 병　무 소 진 지</small>

使人復結繩而用之.
<small>사 인 부 결 승 이 용 지</small>

甘其食　美其服　安其居　樂其俗.
<small>감 기 식　미 기 복　안 기 거　낙 기 속</small>

隣國相望　鷄犬之聲相聞　民至老死　不相往來.
<small>인 국 상 망　계 견 지 성 상 문　민 지 노 사　불 상 왕 래</small>

나라는 작게

백성은 적게 하며

백성들로 하여금 십여 개의 그릇을 갖게 하고

이마저도 함부로 쓰지 못하게 하며

백성들로 하여금

죽음을 소중히 여기도록 하고

멀리 옮겨다니지 못하게 한다.

비록 배와 수레가 있다 해도

타고 갈 만한 곳이 없게 하고

비록 무장한 군대가 있다 해도

진(陣)83)을 칠 만한 일이 없게 하며

사람들로 하여금

다시 새끼를 매듭지어

"문자와 의견을 소통하는 데" 쓰도록 한다.

음식은 맛있게

옷은 보기 좋게

사는 곳은 편하게

풍속은 즐겁게 하도록 한다.

이웃 나라가 서로 바라보이고

닭 우는 소리와 개 짖는 소리가

서로 들린다 해도

백성들이 늙어 죽을 때까지

서로 오가지 않게 한다.

---

83) 진(陣): 군사의 전투(戰鬪) 대형(隊形) 배치. 진지(陣地), 전쟁터.

81

信言不美 美言不信.

신언불미 미언불신

善者不辯 辯者不善.

선자불변 변자불선

知者不博 博者不知.

지자불박 박자부지

聖人不積 旣以爲人 己愈有 旣以與人 己愈多.

성인부적 기이위인 기유유 기이여인 기유다

天之道 利而不害.

천지도 이이불해

聖人之道 爲而不爭.

성인지도 위이부쟁

믿을 만한 말은

"꾸미지 않으므로" 아름답지 않고

"꾸며서" 아름다운 말은

믿음이 가지 않는다.

"어떤 일이든" 잘하는 자는 떠벌리지 않으며

"꾸밈이 있어서" 떠벌리는 자는 잘하지 못한다.

"한 가지라도 깊이" 아는 자는

스스로 넓다고 하지 않으며

"스스로" 넓다고 하는 자는 알지 못한다.

성인은

"쌓아둘 만한 것이 있어도" 쌓아두지 않으니

이미 쌓아둘 만한 것으로써 남을 위하고

자기한테 "남보다" 나은 점이 있으면

이미 나은 점으로써

사람들에게 베풀다보니

자기에게 나은 점이 많아지게 된다.

하늘의 도(道)는

이롭게 할지언정 해롭게 하지 않으니

성인의 도(道)도

"무엇이" 되도록 할지언정 다투게 하지 않는다.